KB117447

돈
버는
눈

돈 나오는 구멍은 따로 있다
돈 버는 눈

초판 1쇄 발행 2010년 12월 8일
초판 3쇄 발행 2011년 1월 14일

지은이 손봉석
펴낸이 김선식
펴낸곳 (주)다산북스
출판등록 2005년 12월 23일 제313-2005-00277호

1분사 최소영, 박민주, 최윤석, 신현숙, 송은경
마케팅본부 모계영, 이주화, 김하늘, 박고운, 권두리, 신문수
콘텐츠저작권팀 이정순, 김미영
커뮤니케이션팀 서선행, 하미연, 박혜원, 김선준
디자인연구소 최부돈, 황정민, 김태수, 조혜상, 김경민
경영지원팀 김성자, 김미현, 김유미, 유진희, 정연주
외부스태프 본문삽화 공존

주소 서울시 마포구 서교동 395-27번지
전화 02-702-1724(기획편집) 02-703-1725(마케팅) 02-704-1724(경영지원)
팩스 02-703-2219
이메일 dasanbooks@hanmail.net
홈페이지 www.dasanbooks.com

필름 출력 스크린그래픽센타
종이 한서지업(주)
인쇄·제본 (주)현문

ISBN 978-89-6370-465-4 (03320)

돈 나오는 구멍은 따로 있다!

돈 버는 눈

손봉석 지음

Money Sense

다산북스

회계사가 직접 체험한 돈 버는 사장들의 비밀

사업가처럼 비즈니스와 관련된 사람들이라면 대부분 '다른 사람들은 어떻게 사업을 하고 돈을 벌까?' 하고 궁금해한다. 또 직장인이라면 한정된 돈으로 어떻게 하면 돈을 모으고 승진도 할 수 있을까 궁금해한다. 보통의 가정주부들도 앞집이나 친구 남편들은 저녁에 일찍 들어오면서 돈도 잘 벌어오면, 어떻게 해서 돈을 잘 벌까? 하고 의문을 갖는다. 취업을 준비하는 사람들은 그 회사에 들어가려면 어떻게 해야 할지 고민한다. 그렇다면 이러한 고민을 해결해줄 답은 어디서 구할 수 있을까?

얼마 전 끝난 G20정상회의에 재벌 총수들이 비즈니스 경험을 위해 이만한 교육이 없다면서 모두 2세 경영자들을 데리고 나왔다. 보통 사람들은 10년을 공부해도 못 배울 경험을 그들은 1박 2일 동안 배우고 있었다. 이와 마찬가지로 잘 되는 식당 사장님들을 보면 유명한 식당들을 방문해서 어떻게 하는지 보고 또 배운다. 다른 식당 사장들이 알아볼까봐 모자를 눌러쓰고 정기적으로 잘되는 식당들만 찾아다니는 사장님도 계신다. 손님이 없다고 사장이 TV나 보고 있는 식당이 잘될 수는 없다.

부자가 되고 싶어하는 사람들은 부자들이나 성공한 사람을 만나서 배우고 싶어하지만 이마저도 쉽지 않다. 가난한 소작농의 아들이었던 나도 아버지에게 가장 아쉬웠던 것이 그런 교육을 미리 받지 못한 것이었다. 그런데 운 좋게도 회계사라는 직업을 갖게 된 나는 성공한 사람들을 쉽게 만날 수 있었다. 그들은 자신의 성공담을 나에게 자세히 이야기해주었다. 일반 사람들은 물어봐도 잘 설명해주지도 않는 비즈니스의 본질을 회계사인 나에게는 기꺼이 이야기해주었다. 아들한테도 하지 않는 이야기를 해주기도 하였다. 그렇게 하지 않으면 좋은 회계컨설팅을 받기 어렵기 때문이다. 회사 자금흐름을 알고 있는 나는 질문과 방문을 통해서 비즈니스 본질을 알아내기도 한다. 내 주위 사람들은 나를 통해 성공한 사람들의 이야기, 또 비결을 듣고 싶어한다.

이 책에서 나는 성공한 사람들로부터 듣고 배운 것을 들려주고자 한다. 대기업부터 규모가 작은 영세사업자의 성공 이야기를 들려줄 것이다. 성공한 사람들이나 부자들은 자신들만의 성공 공식이 있다. 이것을 비즈니스 본질(Core)이라고 하는데 비즈니스 본질을 알지 못하고 피상적인 성공 이야기만 알고 있다면 얻는 것이 별로 없다. 그렇다면 비즈니스의 본질을 파악하기 위한 가장 객관적이고 쉬운 방법이 무엇일까?

나는 사람들에게 회계를 통한 '돈 버는 눈'을 꼭 가지라고 말하고 싶다. '회계를 한다면' 복잡한 비즈니스를 간단하게 설명할 수 있다. 부자아빠를 갖지 못했다면 부자아빠를 대신해줄 회계라도 알아야 한다. 즉, 회계를 통해서 비즈니스의 본질을 이해할 수 있다. 사업의 본질을 알기 위해서는 회계의 큰 숫자에 주목하면 된다. 회사는 중요한 곳에 돈을 많이 쓰게 되어 있다. 때문에 가장 큰 숫자가 회사의 본질이 된다. 가령 스타벅스 같은 경우 원가구조를 보면 임차료 비중이 가장 높은데 이는 스타벅스의 중요한 전략이 입지라는 것을 알 수 있다.

식품제조업을 하시는 한 사장님은 현금을 받지 않으면 절대 납품을 하지 않는다. 보통 매출을 올리려면 외상판매를 하는 것이 유리하다고 생각할 것이다. 이 회사는 주로 식당들에 식품을 납품하는데 식당들은 1~2년 안에 대부분 업종을 변경하거나 망하는 경우가 많고 그러면 마지막 달 납품대금은 못 받게 된다. 제조업 마진율이야 뻔한데 1~2년 납품하고 마지막 달 납품대금을 못 받으면 그동안 장사한 것이 헛장사가 되어버린다. 그래서 이 사장님은 매출을 포기할지라도 현금판매만 고수하신다. 회계를 전공하지는 않았지만 매출채권관리의 중요성을 경험을 통해 터득한 것이다.

주말에 등산을 갔는데 함께한 직장인이 월요병이 생기기 시작했다고 하였다. 나는 그 말을 듣고 바로 처방전을 내려주었다. 간단하다. "월요병을 없애려면 사장이 돼라." 나도 직장에 다닐 때는 월요일이 싫었다. 하지만 내가 사장이 되고 보니 월요병이 자연스레 없어졌다. 대부분 사장들은 빨리 휴일이 지나고 월요일이 오기를 기다릴 것이다. 직장인이 성공하고 돈을 버는 가장 확실한 방법은 사장처럼 행동하는 것이다. 사장들이 비즈니스 본질을 알기 위해 회계를 공부해야 하듯이 직장인도 회계를 공부해야 '돈 버는 눈'이 생긴다.

가끔씩 회계를 전공하지 않은 사람들은 '왜' 회계를 공부해야 하는지 묻는다. 그러면 나는 그들에게 되묻는다. "왜 영어를 공부하죠?" 영어를 배우는 이유는 영어로 된 정보를 읽고 듣고 그리고 말하고 쓰기 위해서이다. 그렇다면 회계를 배우는 이유 역시 간단하다. 기업에 대한 정보를 읽고 듣고 말하고 쓰기 위해서이다. 장담하건데 살다보면 영어보다 회계 쓸 일이 훨씬 많다. 돈을 벌고 싶고 취직을 하고 싶고 직장에서 인정을 받고 승진하고 싶고 사업에 성공하고 싶다면 영어보다 회계를 하는 것이 낫다.

나는 회사에 면접을 보러 온 사람들에게 마지막에 꼭 묻는 것이 있다. "우리 회사에 오기 위해 당신이 준비한 것은 무엇이죠?" 취업준비생이라면 이 질문을 스스로 해봐야 한다. 이는 모든 회사에서 뽑고 싶은 직원의 기준이다. 그런데 대부분 사람들은 회사에서 중요하게 생각하는 것을 파악하지 못하고 엉뚱한 것을 준비하거나 아예 준비조차 하지 않은 사람도 있다. 들어가고자 하는 회사의 비즈니스 본질을 보는 눈이 없기 때문이다. 책상에서 영어 토익만 준비한 사람들에게 회계를 공부하라고 강조하고 다니는 이유이다.

우리가 주변에서 쉽게 볼 수 있는 이야기 중에서 한번쯤은 '왜 그럴까?'라는 의문을 던져보았을 만한 이야기만 모아서 비즈니스 본질을 파헤치고 회계로 쉽게 풀어냈다. 또한 회계를 비즈니스 본질과 연결시켜서 회계사만 알고 있었던 돈 잘 버는 회사나 직원들을 회계사의 눈으로 들여다보았다. 이 책을 읽는 독자들이 회계사의 '돈 버는 눈'을 통해 막연히 궁금했던 다른 사람들의 성공 이야기를 듣고 자신의 비즈니스나 돈의 흐름을 이해하는 사람으로 거듭났으면 하는 바람이다.

내가 멘토링하고 있는 HR아카데미 학생들은 책에 대한 많은 아이디어를 주었다. 얼마 전 태어난 넷째 겸이를 위해 온몸

을 희생한 아내에게 고맙다는 말을 전하고 내 삶의 빛이 되어
주는 네 아이들에게 사랑한다는 마음을 전한다.

— 손봉석 회계사

차
례

프롤로그 회계사가 직접 체험한 돈 버는 사장들의 비밀 4

👁 1장 남의 돈을 이용하라

강인한, 글로벌경영아카데미로 새출발 15
은행에 다니면서 왜 돈 걱정을 할까? 18
왜 1등이 될수록 회사가 망가질까? 24
공짜로 자금을 조달하는 방법은? 29
골프장은 왜 매출보다 부채를 좋아할까? 35
2,000퍼센트 빚을 지고도 망하지 않는 비결은? 44
손실이 나는데도 왜 재산이 늘어날까? 48
워렌 버핏은 왜 자본잠식 회사에 투자할까? 54
영업을 할수록 왜 빚이 늘어날까? 59
변호사는 왜 야근을 할수록 손해가 날까? 68
섬회계사의 돈 버는 눈 1 72

👁 2장 한 번의 투자로 여러 개의 수입을 얻어라

왜 연예인은 자산이고 운동선수는 비용일까? 79
왜 연구개발비가 많을수록 적자가 발생할까? 87
호텔운영보다 나무 심는 일이 왜 중요할까? 91
동네 슈퍼마켓은 어떻게 장사가 될까? 98
맥도날드는 왜 불편한 의자를 두었을까? 103
왜 식당은 손님을 내쫓을까? 107
작은 서점이 장사가 잘 되는 이유는? 114
은행의 빠른 창구가 왜 가장 늦을까? 118
부자들이 왜 중고차를 살까? 123

개인병원 의사가 부자가 못 되는 이유는? 128
사람들은 왜 전문직을 선호할까? 136
손님 많은 헬스장이 왜 문을 닫을까? 140
왜 광주에는 신세계가 없을까? 145
정유회사는 왜 주유소를 무상으로 지어줄까? 152
섬회계사의 돈 버는 눈 2 160

👁3장 돈 나오는 **구멍을** 찾아라

백화점은 왜 물건을 팔고도 매출을 잡지 않을까? 169
대형 마트 물건은 정말 싼 것일까? 173
6,000원 뷔페는 어떻게 마진을 남길까? 180
왜 대형 서점은 엄청난 재고량에도 안 망할까? 190
생선가게에 냉동고가 없다면? 196
재고가 많으면 왜 실적이 좋아질까? 200
경영자가 바뀌면 왜 실적이 떨어질까? 204
카드회사와 술집은 같은 업종이다? 208
섬회계사의 돈 버는 눈 3 214

👁4장 숫자 속에 숨은 **돈의 흐름을** 읽어라

백만장자가 왜 법무사 사무장을 계속할까? 223
손님도 없는데 길거리 장사는 어떻게 돈을 벌까? 227
한국에서 철수한 까르푸는 어떻게 돈을 벌었을까? 232
순이익이 6배 증가해도 회장님은 왜 혼을 낼까? 237
왜 뮤지컬 공연장에서 손익계산서를 나누어줄까? 244
재무제표를 보고 주식투자했는데도 왜 손해를 볼까? 251
섬회계사의 돈 버는 눈 4 256

에필로그 관심이 있으면 돈 버는 감각은 저절로 배운다 261

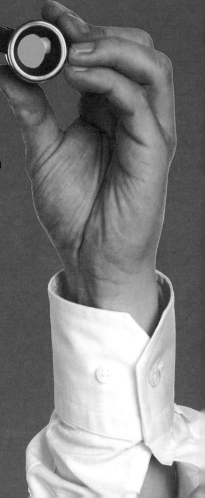

1장 *Money Sense*

남의
돈을
이용하라

강인한,
글로벌경영아카데미로
새출발

강인한이 우리나라 최고의 IT회사를 그만두고 다니기 시작한 곳은 유명 대학의 글로벌경영아카데미였다. IT회사에 입사하여 대리가 되기까지 배운 것도 많았지만 시간이 갈수록 회의가 들었다. 팀원들 간의 갈등이 심해지는 한편 회사 내에서 자꾸만 소모품이 되어간다는 느낌이 극에 달할 무렵 과감히 사표를 제출했다.

새로운 길을 모색하던 강인한은 이전부터 계속 스스로를 주눅들게 했던 분야를 보완하기로 마음먹었다. 프로그램 개발자로 대부분의 엔지니어 출신들처럼 경영에 대한 지식이나 마인드가 없다는 핸디캡을 숙제처럼 품고 다녔던 그다. 그래서 가장 먼저 경영 분야 공부를 하기로 결론을 내렸고 글로벌경영아카데미에 등록을 했다.

글로벌경영아카데미에는 여러 부류의 수강자들이 있었다. 회사를 운영하는 오너도 있었고, 낮에는 일을 하고 밤에 강의를 들으러 오는 열성파 직장인도 있었다. 직장을 그만두고 이 강의에만 매달린 강인한 같은 경우는 별로 눈에 띄지 않았다.

강인한이 수강하는 과정의 클래스에는 네 명이 한 팀으로 모두 다섯 개 팀이 있었다. 수료까지의 모든 작업이 팀 단위로 제시되는 방식이었다.

첫 시간에는 팀원들 간에 인사를 하고 팀의 이름을 정하는 것이 과제였다. 강인한이 속한 팀에는 관광서비스업을 하시는 방기준 이사, 은행에서 VIP센터를 담당하는 원은주 대리, 유통업을 운영하시는 박남규 사장까지 각각 개성 있는 팀원들이었다. 서로 잘 어우러져 맛있는 팀을 만들어보자는 뜻으로 팀 이름을 '비빔밥'으로 정했다.

매 강의 때마다 기업의 실무와 관련된 과제가 주어졌다. 팀별로 모여 주어진 과제에 대한 컨셉을 잡고 인터뷰나 조사를 하여 발표 자료를 만든 다음 매월 한 번씩 프레젠테이션을 하게 되어 있었다. 단순히 이론상의 사례가 아니라 자신들이 속해 있는 업종의 실제 사례를 분석하고 문제점을 도출한 다음 베스트 프랙티스를 찾고 솔루션을 내야 하는 주제들이었다. 게

다가 매주 경영서를 한 권씩 읽고 주간 뉴스를 스크랩해서 팀원들과 토론도 해야 했으므로 일정이 매우 빡빡했다.

아카데미를 졸업할 무렵에는 자신의 비즈니스라는 최종 과제에 도달하는 것이 가장 중요한 목적이었다. 기업을 분석하고 직접 찾아가 조사하고 공부함으로써 자신이 생각한 아이템을 실제 비즈니스에 적용할 수 있는 회사를 만드는 것이다.

강인한은 팀원 중 유일하게 현재 직장을 다니지 않고 있는데다 가장 어리다는 이유로 팀장으로 뽑혔다. 아마 시간도 많고 나이가 어려 부려먹기 좋아서일 것이다. 좀더 능력 있고 나이도 있는 사람이 이끌어서 여러 가지를 배울 수 있었으면 하는 생각이었지만 만장일치로 너무나 강력하게 주장하는 바람에 받아들일 수밖에 없었다. 강인한은 부담이 많이 갔지만 독하게 마음먹고 잘 해보자는 쪽으로 생각을 바꿨다.

이번 아카데미 코스에는 특이한 점이 하나 있었다. 바로 멘토링 제도였다. 각 팀마다 한 명의 멘토가 지정되어 있었고, 언제 어떤 사안이든지 팀원의 요청이 있으면 멘토가 지원해주는 제도였다.

은행에 다니면서
왜 돈 걱정을 할까?

글로벌경영아카데미의 첫 번째 기업실무 과제는 각 팀별로 회사를 설립하라는 주제였다. 다른 조건은 전혀 없었다. 그냥 회사를 설립하라고만 되어 있었으므로 오히려 더 막막했다. 어느 정도까지 세밀한 계획서를 제출해야 하는지에 대한 제한사항이 없어서 나름대로 세우면 될 것 같았지만 강인한으로서는 회사설립이 먼 나라의 일 정도로 여겨졌다. 그래도 팀원 중에는 방기준 이사나 박남규 사장 등 사업체를 직접 운영하는 분이 계시기 때문에 도움이 될 것 같았다.

그런데 하필 두 분이 모두 회사 일이 바빠져 과제에 시간을 낼 형편이 아니라는 얘기만 남겨놓고 서둘러 돌아가버리고 말왔다. 원은주 대리와 둘이 남았지만 원 대리 역시 어서 집에 가쉬고 싶다는 기색이 역력했다. 결국 강인한이 대강의 초안을 잡아 팀원들에게 보여주기로 했다.

첫 번째 과제부터 우려했던 상황이 벌어지는 것을 보고 강인한은 힘이 빠졌지만 인터넷 자료를 참고하여 초안을 잡고 나름대로 수정을 거쳤다. 팀 미팅을 갖고 다른 사람들에게 보여줬더니 다들 이 정도면 훌륭하다는 둥 근사하다는 둥 둘러댔다. 하지만 강인한은 사람들이 미안한 마음에 인사치레로 그러는 것처럼 여겨졌다. 초안을 자세히 들여다보는 이가 없었기 때문이다.

강인한은 속으로 서운한 생각이 들었지만 자기도 직장에 다니고 있는 중이었다면 그랬을 수도 있겠다며 팀원들의 피곤에 찌든 얼굴을 안쓰럽게 바라보다 돌아왔다. 어느덧 시간은 흘러 프레젠테이션을 하는 날이 다가왔다.

"우리 팀에서는 이번에 자본금 100억 원짜리 회사를 설립하려고 합니다. 빚은 전혀 없이 출발할 예정입니다."

강인한은 자기가 작성한 초안을 기초로 더러 원 대리의 도움을 받아 정리한 프레젠테이션 자료와 스크립트를 번갈아 보면서 떠듬떠듬 설명했다. 발표 같은 것은 통 해보지 않아 무슨 내용을 설명했는지조차 잘 기억이 나지 않았다. 그래도 특별히 문제가 될 부분이 있을 것 같지는 않았다.

발표가 끝나자 교수가 강인한에게 물었다.

"자금조달을 왜 자본으로만 했는지 설명해보겠어요?"

강인한은 인터넷으로 조사를 해온 터라서 질문에 대한 답변 준비는 거의 안 되어 있었다.

"그냥…. 회사를 안전하게 운영하고 싶어서입니다."

"자본이 많다고 해서 회사가 안전하다고 할 수 있을까요? 그리고 100억 원이란 돈은 어떻게 조달한 것인가요?"

"그건…. 100억 원이 있다고 가정한 것인데요…."

강인한의 목소리에 힘이 없자 교수는 더욱 큰 목소리로 지적했다.

"기업실무는 현실입니다. 100억 원이란 돈이 누구 집 개 이름도 아니고 그냥 숫자로 기록만 하면 된단 말인가요?"

강인한은 더 이상 할 말이 없어 얼굴만 벌게진 채 고개를 숙이고 말았다. 교수는 자금조달 방법에 대한 다양한 사례를 조사해보라는 말을 덧붙였다. 그 건조한 말투와 표정으로 봐서 실망한 기색이 역력했다.

힘없이 자리로 돌아오던 강인한은 그제야 발표 전에 멘토와 논의를 할 걸 그랬다는 생각이 들었다.

수업이 끝나고 며칠 후 비빔밥팀은 아카데미 앞 식당에서 멘토와의 첫 만남을 가졌다. '섬회계사'라고 자기소개를 한 멘토는 잘생겼다기보다 자신감 넘치는 얼굴이어서 절로 믿음이 갔다. 이후로는 일주일에 한 번꼴로 만나기로 했다.

모두 인사를 주고받으며 한바탕 떠들썩한 시간이 지나자 강인한이 지난번 발표 내용과 교수님께 지적받은 것에 대해 말을 꺼냈다. 섬회계사는 대뜸 인터넷만 보고 기업실무를 했기 때문이라고 짧게 말했다.

"그러면 우리가 기업 현장을 모두 다녀봐야 한다는 말씀인가요?"

팀원 중 누군가가 물었다. 강인한도 백수인 자기만 빼고 모두 일을 하는 형편이라서 시간적인 여유가 없다고 덧붙였다. 그러자 섬회계사는 오히려 다행이라며 빙그레 웃으며 말했다.

"직장인이 더 많은 팀이란 말이죠? 그러니까 더욱 자신의 일에서 기업실무로 곧바로 연결될 것 같은데요?"

그러면서 섬회계사는 은행 직원인 원은주 대리를 보았다. 은행에 다니니까 자금 문제에 대해서는 일가견이 있지 않느냐는 의미였다. 원 대리는 갑작스레 지목되자 잠시 멈칫했으나 이내 입을 열었다.

"사실, 은행에 다닌다고 해서 딱히 돈 문제에 밝은 것 같지는 않아요. 우리 은행 영업부장님은 40대 중반인데 은행에서 25년 이상을 근무하셨거든요. 근데 저만 보면 항상 '원 대리도 젊었을 때 돈 모아둬.'라고 하세요."

"금융기관에 종사하니까 월급이 많으시잖아요?"

강인한이 의아함 반, 부러움 반의 표정으로 물었다.

그 말에 원 대리는 한숨을 푹 쉬며 속상하다는 듯이 대답했다.

"모을 돈이 없어요."

"왜요? 우리가 상식적으로 알기에도 평균 연봉이 가장 높은 업종이 금융업이잖아요."

지금껏 듣고만 있던 박 사장도 한 마디 거들었다. 원 대리는 영업부장의 이야기를 마저 해주었다.

"영업부장님이 입사한 해가 1983년인데요. 그때 처음 가계 수표가 생겨났다고 해요. 입사하자마자 회사에서 당좌대월을 30만 원 해주었는데 그것으로 생활비를 하셨대요. 얼마 후 비씨카드가 생겼는데 현금서비스 기능이 있었죠. 별 생각 없이 현금서비스를 애용하다 보니 이 금액이 자꾸 늘어나 빚이 500만 원까지 가더래요. 그래서 대출을 받아 모두 정리했는데 그 빚이 아직도 남아 있다네요. 은행 사람들 부자가 거의 없어요."

금융기관 사람들은 자금융통이 쉬운 만큼 빚 내는 것을 쉽게 생각한다. 급기야는 빚을 얻어 빚을 갚게 되는 상황까지 가는 것이다. 그렇게 되면 조그마한 빚이 큰 빚이 되어 평생 가난하게 살아갈 수밖에 없다. 아무리 소득이 많더라도 빚을 얻어서 소비의 규모를 높여버리면 부자가 될 수 없다는 얘기다. 가계 부채가 문제가 되는 것이 바로 이 때문이다.

섬회계사가 사람들을 둘러보며 말했다.

"맞습니다. 차입금은 언젠가는 갚아야 하는 돈이죠. 그런데 사람들은 공돈이나 되는 것처럼 생각하고 헤프게 쓰곤 하죠. 그 빚이 커지면 나중에는 또 다른 빚을 내서 갚는 카드 돌려막기 식 악순환의 고리에 빠지게 됩니다. 차입금이 위험한 이유는 그것을 갚아야 하는 시점에서 현금이 충분하지 못하면 큰 재앙을 가지고 오기 때문입니다."

왜 1등이 될수록
회사가 망가질까?

은행에 다니면서 왜 돈 걱정을 하는지 모르겠다는 화제에서 출발해 많은 이야기가 오갔다. 섬회계사의 말에 고개를 끄덕이는 원 대리를 보고 있던 방 이사가 물었다.

"원 대리님, 기업이든 개인이든 모두 은행에서 돈을 빌리잖습니까? 그런데 은행도 차입금 때문에 곤란을 겪는 경우가 있나요?"

"물론이죠. 은행들의 차입금 문제는 개별 기업과는 달리 국가가 흔들릴 정도로 무서운 거예요. 수년 전에 제가 다니는 은행에서도 리딩뱅크가 되기 위해 피나는 경쟁을 했는데요. 은행들이 1등의 기준으로 삼는 것은 자산 기준이거든요. 은행에서 자산은 뭔지 아세요?"

원 대리가 누구에게랄 것 없이 물었지만 얼른 대답하고 나서는 사람이 없었다. 원 대리는 뜸을 들일 것 없이 말을 이어갔다.

"은행의 자산은 대출이에요. 그러니 대출을 많이 해줄수록 자산이 늘어나는 거겠죠? 은행은 예금을 받아 기업이나 일반 국민들에게 대출을 해주고 이자를 받는 수익모델을 가지고 있거든요. 여기에서 발생하는 차익, 그러니까 예대마진이 중요한 거죠."

"아, 예대마진이요? 그건 저도 알아요."

강인한의 천진난만한 표정을 보고 원 대리가 살짝 미소를 띠며 계속했다.

"은행에서 리딩뱅크, 즉 1등이 된다는 것은 자산이 가장 많다는 것입니다. 자산은 많으면 좋다고 알고 있는 게 보통이죠. 그러나 경우에 따라 자산이 많다는 것은 위험이 높다는 의미이기도 합니다."

"아니, 왜요?"

예대마진까지는 그래도 익숙했지만 자산이니 위험이니 하는 말이 나오자 강인한은 막히기 시작한다.

"은행이 대출해주는 돈은 어디에서 나왔을까요?"

섬회계사가 원 대리를 대신해서 물어보았다.

"예금에서 나오겠죠"

"맞아요. 기업이나 국민의 예금이죠. 우리가 은행에 예금을 하면 이것은 우리의 자산임과 동시에 은행 입장에서는 나중에 예금주에게 돌려주어야 하는 부채가 됩니다."

입장을 바꾸니 한쪽에선 자산인 것이 다른 쪽에서는 부채가 되는구나 하는 생각으로 강인한은 고개를 끄덕였다.

"그런데 2000년대 초반기에 사상 최저금리가 유지되면서 많은 사람들이 금리가 낮은 은행을 떠나 주식시장으로 몰려갔어요. 예금이 줄고 펀드가 늘어나는 시기였죠."

모두들 '맞아, 맞아.' 하며 먼 듯 가까운 듯한 당시 얘기들을 늘어놓았다. 박 사장도 은행 이자가 너무 싸서 펀드를 시작한 때가 그때라고 말했다.

"금리가 낮아지면 기업 입장에서는 자금조달이 쉬워지죠. 풍부한 자금으로 일을 하니 기업의 수익성이 좋아지고, 이에 따라 주식시장도 활성화되어 주가가 2000포인트를 넘어서는 발판을 마련했습니다. 자금조달원이 줄어드는 이런 환경에서 리딩뱅크가 되고자 했던 은행들은 해외에서 돈을 빌려오기 시작했어요. 외국 은행들이나 투자기관에서 빌린 돈으로 국내에서 대출을 늘려나갔습니다. 은행의 자산인 대출을 무리하게 늘리려다 보니 신용도가 떨어지는 사람들한테까지 대출을 하게 됐죠. 그런데 서브프라임이 터진 거예요. 외국계 은행들은 사정이 악화되자 자금을 회수하기 시작했는데 우리나라 은행들에게 빌려주었던 자금도 기한을 연장하지 않고 상환 압력을 넣었어요."

옆에서 잠자코 듣고 있던 방기준 이사가 고개를 끄덕이며 말한다.

"그래서 우리나라에 제2의 IMF가 온다는 이야기가 흘러다녔군요."

"네, 맞아요. 정부가 개입해 어느 정도 불은 껐지만, 리딩뱅크주의가 가져온 큰 재앙이었죠. 우리가 여기서 알 수 있는 것은 자산이 많다는 것은 좋은 것일 수도 있지만, 자산이 늘어난 원인에 따라서 아주 위험할 수도 있다는 것입니다."

보통 사람들은 성장 을 중요하게 생각하지만 부자들은 성과 를 중요하게 생각한다.

공짜로 자금을
조달하는 방법은?

　비빔밥팀과 섬회계사의 첫 번째 만남은 어느덧 정리할 시간
이 되었다. 강인한은 이전 버릇대로 자기가 계산을 하고 싶었
지만 백수라는 현실 때문에 망설여졌다. 그런 생각을 잠깐 하
고 있는 사이 계산대 앞에서 박 사장과 섬회계사가 서로 나서
고 있었다. 박 사장은 첫 날이고 그동안 팀장 혼자 수고했으니
밥이라도 사고 싶다고 말했고, 섬회계사 역시 첫 날이니만큼
멘토라는 역할을 맡은 자기가 내고 싶다고 했다. 외국에서는
절대 이런 광경을 볼 수 없다던데, 입구에 서 있던 원 대리와
방 이사도 웃음을 머금고 쳐다보고 있었다.

　"그럼, 다음 번엔 제 차례입니다."

박 사장은 그렇게 다짐을 하고서야 물러났고, 섬회계사는 웃으며 계산대에 신용카드를 내밀었다.

강인한은 섬회계사가 카드를 내미는 것을 보고 약간 놀랐다. 재테크 전문가들은 누구를 막론하고 카드를 잘라버리라고 하는 게 보통이었다. 강인한도 여기저기서 귀가 닳도록 들었던 말이다. 그런데 멘토이자 경제 전문가라 할 수 있는 섬회계사가 선뜻 카드로 결제를 하다니. 더구나 그의 지갑 안에는 카드 전표들이 수북했다.

"섬회계사님은 카드를 많이 사용하시나 봐요?"

서명을 하고 지갑에 전표 한 장을 추가해 넣고 있던 섬회계사가 무슨 뜻이냐는 얼굴로 강인한을 쳐다봤다. 그러더니 강인한의 얼굴에서 의아스럽다는 표정을 읽었는지 카드 하나를 꺼내 들면서 말했다.

"저는 보통 재테크 전문가들 말과는 달리 카드를 많이 사용하고 다른 사람이 지출할 것까지 제 카드를 사용합니다. 모임이나 가족 회식이 있으면 현금을 거두어서 내는데 저는 스스로 총무 역할을 맡아 회원들한테 현금을 걷고 나서 실제 결제할 때는 현금이 아닌 제 카드로 하죠. 현금으로 결제하면 지금 현금이 나가지만 카드로 결제하면 한 달이나 두 달 후에 사용금액을 지불하니까 저는 이 기간 동안 자금을 공짜로 조달한 셈이 됩니다. 카드 사용금액이 얼마 안 되면 사실 자금조달 이익이 얼마 안 될지 모르지만 금액이 커지면 이 금액에서 생긴 이익이 상당히 커지죠. 아마 제가 카드를 많이 쓰면 원 대리님은 기분이 좋을 것 같네요."

섬회계사의 말을 듣고 원 대리도 공감하는 듯 고개를 끄덕였다. 섬회계사가 사용하는 카드는 원은주 대리가 근무하는 은행의 카드였기 때문이었다.

그런데 강인한은 그 대답만으로는 뭔가 석연치 않았다.

"그런 장점도 있겠지만…. 대부분의 재테크 전문가는 카드 사용을 줄이라고 하잖아요? 현금으로 걷은 돈은 우선 다른 데 써버리고 나중에 카드값 낼 때가 되면 부담이 되는 경우가 있지 않나요?"

"네, 옳은 말씀입니다. 저 또한 다른 사람들한테는 카드 사용을 줄이고, 할 수만 있다면 카드는 없애라고 말합니다. 왜냐하면 보통은 신용카드를 사용하면 현금보다 더 많이 쓰게 되고 자신의 범위를 넘어서 소비하는 경향이 있기 때문이죠. 말씀하신 대로, 걷은 현금은 다 써버리고 나중에 카드 결제할 때가 되면 돈이 없어 쩔쩔매거든요. 많은 재테크 책에서 카드를 사용하지 말라고 하는 것도 현금에 비해 카드를 쓸 때 자제력을 잃기가 쉽기 때문입니다. 그렇지만 저는 현금보다 되도록 카드를 쓰는 편이죠. 저는 스스로 카드 사용액을 관리하는 능력과 습관이 있기 때문입니다."

이것을 섬회계사는 '마음의 회계'라고 했다. 카드 5만 원과 현금 5만 원은 똑같은 금액이지만 사람들은 마음속으로 카드 5만 원을 훨씬 적다고 느낀다는 것이다.

"거, 정말 그렇네요."

앞서 가던 방 이사도 고개를 끄덕이며 한 마디 거들었다.

섬회계사가 카드 사용을 관리하는 방식은 철저했다. 그는 카드를 사용하면 카드결제 통장으로 현금을 이체해둔다. 주로 CMA통장을 이용하는데 하루만 맡겨도 높은 이자를 받을 수 있다는 것도 이유 중 하나다. CMA에 들어간 돈은 한두 달 후에는 반드시 나가는 돈이기 때문에 절대 손을 대지 않는다. 그렇게 하면 섬회계사 입장에서는 카드를 사용하긴 했지만 실제 통장에서 나간 것으로 처리해 현금을 사용한 것 같은 느낌을 가질 수 있고, 동시에 현금지급 시기를 늦추어서 CMA이자소득을 거둘 수 있다. 매일 하기에는 시간이 많이 소요되고 신경이 쓰여서 일주일에 한 번씩 CMA 통장으로 카드 사용액만큼 현금을 이체시켜두었다가 이 돈으로 카드결제를 했다. 현금처럼 사용하게 되니까 현금 사용처럼 돈이 나가는 것이 보였고 카드 사용액도 줄어들게 되었다. 또 현금 사용이 많으면 카드 사용 혜택을 전혀 보지 못하는데 이런 방법을 택하면 카드 사용에 따른 혜택도 모두 받을 수 있었다.

"이런 것이 기업에도 적용되는 경우가 있습니까?"

유심히 듣고 있던 박 사장이 물었다.

"미지급금은 돈을 늦게 주는 것입니다. 유통업을 하시니 외상대를 나중에 지급하는 회사들이 있지 않나요?"

"네, 저희는 리조트와 골프장 등에 식자재를 납품하는데 어떤 리조트들은 1억 원 이상 미수가 깔리는 경우도 있습니다. 저희는 사올 때 이미 돈을 줬는데 매출대금은 받지 못하니 자금사정이 좋을 수가 없습니다."

"사실 박 사장님 회사 입장에서는 외상대금 때문에 힘들지만 그 리조트는 외상대금 덕분에 부도가 나지 않고 운영되는 셈입니다. 줄 돈을 늦추는 것이지요."

"그럼 우리 회사도 매입대금을 늦게 주어야 하나요?"

"꼭 그러라는 것은 아니지만, 자금흐름이 그렇다는 것입니다. 그러나 사업의 기본은 받을 돈은 먼저 받고 줄 돈은 나중으로 미루는 거죠. 사장님 입장이시라면 그런 리조트에는 납품을 다시 생각해봐야 하실 것 같네요."

보통 사람들은 │ 주고 나서 │ 받지만,
부자들은 │ 받고 나서 │ 준다.

섬회계사는 그날 저녁 한 리조트의 재무제표를 비빔밥팀에서 만든 카페에 올렸다. 그리고 그 밑에는 재무제표에 대한 자세한 설명을 써놓았다.

○○ 리조트

(단위: 백만 원)

		매입채무	11,231
		......	......
......	......	자본	46
리조트운영원가	9.736	리조트 운영수익	11,794

A사의 재무제표는 리조트 운영수익이 118억 원 정도인데 매입채무가 112억 원이다. 이 회사는 월급도 제대로 주지 못하고 있었지만 20년 가까이 망하지는 않고 있었다. 그 이유가 매입채무 관리방법에 있다는 것을 재무제표를 보면서 다시 한 번 확인할 수 있었다. 1년 이상의 매입액을 무이자 외상으로 조달하고 있으니 유동성 문제를 견뎌낼 수 있었던 것이다. 담당자가 약간 시달리고 있지만 회사 입장에서는 이러한 현금 관리방법을 통해 생존이 가능한 것이다.

매입채무는 어떻게 보면 이자율이 제로인 차입금의 한 종류다. 1억 원의 물건을 외상으로 매입했다면 이 거래는 두 가지로 구분할 수 있다. 즉, 거래처로부터 현금으로 1억 원의 매입을 한다. 그리고 즉시 거래처로부터 1억 원을 무이자로 차입한다. 거래처로부터 무이자로 차입한 것이나 다름없는 매입채무는 부채 항목에 속해 있으면서도 이자를 지급할 필요가 없으므로 자금관리 면에서만 본다면 좋은 방법이다.

다만, 매입채무에 지나치게 의존하면 거래처로부터 신뢰를 잃게 되고, 이에 따라 안정적인 공급채널을 확보하는 데 어려움을 겪을 수 있다.

골프장은 왜
매출보다 부채를 좋아할까?

　며칠 후 비빔밥팀은 주말을 맞이해서 섬회계사와 함께 기업 현장 탐방을 하러 갔다. 주말에도 문을 여는 곳이자 자금조달 경험이 많은 업종인 골프장을 선택했다.

　장소 섭외는 관광서비스업을 하고 있는 방기준 이사가 담당했다. 골프장 경기과에서 카트를 두 대 내주어서 팀원들은 흥미롭게 18홀 코스를 돌아보았다. 한참 동안 골프 코스를 돌다보니 다들 기업탐방은 잊어버리고 아름다운 경관에 빠져들고 있었다.

　"골프장 수익구조의 본질은 무엇인가요?"

　다른 사람들을 환상에서 깨우는 듯이 방 이사가 섬회계사에게 묻는다.

"사실 골프장만큼 부채가 많은 업종도 없습니다. 일반적으로 골프장은 회원권을 분양해 분양수입을 얻고, 그린 피와 카트 이용료를 받아서 운영합니다. 회원들은 골프장 회원권을 구입해 일반인에 비해 싼 그린 피로 골프장을 이용하죠. 그러나 골프장의 회원권 분양계약서를 보면 분양수입은 수입이 아니라는 것을 알 수 있습니다. 대부분의 분양계약서에는 회원들이 나중에 원하면 회원권 반환을 청구할 수 있게끔 되어 있으며, 골프장은 회원들에게 돈을 돌려주어야 합니다. 즉, 회원권을 분양하고 받은 보증금은 부채인 것입니다. 딱히 언제라는 정해진 기한은 없지만, 회원들에게 돌려줘야 하는 부채인 것이죠. 이자를 지급하지 않는데, 그 대신 싼 그린 피 혜택을 주는 겁니다. 골프장 입장에서는 분양대금으로 골프장 공사비를 충당하고 그린 피와 카트 이용료로 운영경비를 충당합니다."

방 이사는 설명을 듣다가 이해되지 않는 부분이 있다는 듯이 되물었다.

"그렇다면 왜 골프장은 회원권을 반환하려고 할까요? 반환하지 않으면 수입으로 잡을 수도 있는데 말입니다."

섬회계사가 기다렸다는 듯이 대답했다.

"반환조건인 경우가 반환하지 않는 경우보다 분양이 잘 되기 때문이죠. 회원 입장에서는 반환받을 수 있는 회원권은 거의 공짜라고 생각하기 때문입니다. 사람들이 집을 얻을 때도 월세보다 전세를 원하는 것과 마찬가지죠."

"맞습니다. 저도 회원권을 하나 가지고 있는데 내 재산이라고 생각하기 때문에 구입을 했지요. 만약 그냥 없어지는 돈이라고 생각했다면 아마 구입하지 않았을 것입니다."

재산가답게 박 사장은 자신도 회원권 보유자임을 은근히 드러내었다.

"그런데 그것보다 더 중요한 이유가 있습니다. 반환조건으로 분양하는 것의 묘미는 역시 세금입니다. 회원권을 분양할 때 반환조건부로 분양한다면 부채가 되지만, 그렇지 않은 경우에는 수입으로 기록됩니다. 부채는 세금이 없지만 수입은 세금이 많거든요. 우선 부가가치세 10퍼센트를 내야 하고, 법인세도 최고 20퍼센트 이상을 내야 합니다. 골프장은 대부분 토지와 코스로 이뤄져 있기 때문에 감가상각비도 거의 없으므로 분양수입의 30퍼센트 이상을 부가가치세와 법인세로 내야 하는 상황이 됩니다. 그런데 사실 반환조건이라는 것은 형식에 불과하죠. 아무리 반환조건으로 분양하더라도 회원들은 반환청구를 하지 않습니다. 골프에 취미를 갖고 있는 사람이라면 회원권을 반환하지 않고 계속해서 갖고 있는 경우가 대부분 아니겠어요? 그 돈을 은행에 넣어두어 봤자 이자가 몇 푼 안 되거든요. 차라리 회원권을 갖고 있으면서 그린 피 할인을 받는 것이 훨씬 이롭다고 생각한다는 겁니다. 지금은 사정이 다르겠지만 과거에는 반환청구를 해서 골프장이 어려움에 처했다는 경우를 본 적이 없습니다."

섬회계사의 말을 정리하자면 회원 보증금은 부채이지만, 사실은 부채 성격이 아니라는 것이다. 일반적으로 부채라면 정해진 기한 내에 상환해야 하지만, 회원보증금이란 부채는 기한이 없고 회원이 요청하는 때가 상환 시점인데 어차피 회원은 상환 요청을 하지 않기 때문이다.

"부채는 잘 이용하면 아주 좋은 자금조달 수단이 되겠네요."

구경에만 정신이 팔린 줄 알았던 원 대리와 강인한은 이구동성으로 말했다.

그날 저녁 비빔밥 카페에는 골프장 회사의 재무제표와 섬회계사의 설명이 올라와 있었다.

○○ 골프장			
			(단위: 억 원)
유형자산	1,518	입회보증금	928
		......	......
......	......	자본금	10
자산총계	1,638	부채자본총계	1,638

예전 고객이었던 이 골프장은 1,000억 원 이상의 자금을 끌어들여 건설한 곳이었다. 처음 건설할 때부터 사장이 자본이 없어서 운영하는 데 한계가 있을 것이라는 지적이 있었지만, 십수 년째 부도나지 않고 잘 운영되고 있다.

이 회사의 재무제표를 보면 자본금은 10억 원에 불과하고 사장이 55퍼센트의 주식을 갖고 있다. 1,500억 원 이상의 자산을 자본금 10억 원만 갖고도 운영을 한다는 사실 자체만으로도 사장의 능력을 인정하지 않을 수 없다.

그런데 이렇게 부채가 많아도 회사가 망하지 않는 이유가 뭘까? 핵심은 입회보증금이다. 입회보증금은 골프장을 분양하고 받은 돈으로써 회원과 계약한 날 이후 5년이 지나 회원권 소지자가 보증금 상환을 요구할 경우 반환해야 할 의무가 있는 돈이다. 물론 부채이지만, 현재로선 이자 한 푼 나가지 않는 자본 성격의 부채다. 회사는 입회보증금을 받은 대가로 비어 있는 그린 피를 회원 가격으로 제공하기만 하면 된다. 회원들은 일주일에 많아야 한두 번 오기 때문에 거의 무이자로 빌린 돈이나 다름없다. 물론 10년쯤 지나서 회원들이 모두 반환청구를 하면 어떻게 될지 모르겠지만, 사장은 열심히 땅값을 올릴 궁리를 하고 있다. 땅값이 올라가면 회원들은 자신들의 재산가치가 올라가므로 더더욱 회원권을 반환하지 않을 것이다. 팔지도 못하고, 개인적으로 소유권 이전등기를 하더라도 소용없는 땅이기는 하지만 여전히 우리나라 사람들은 부동산에 대한 재산가치를 높게 평가하고 있다.

재무제표에서 보듯이 총자산 1,638억 원 중 1,518억 원이 부동산인데 자본은 46억 원밖에 되지 않는다. 대부분 입회보증금으로 자금을 조달했으며 부족한 부분은 차입을 했다.

강인한이 글로벌경영아카데미 코스에 들어간 후 달라진 것 중 하나는 아침 신문을 보기 시작했다는 것이다. 신문을 보고 매주 토론을 해야 하기 때문에 경제신문을 몇 개씩은 봐야 말한 마디라도 할 수 있었다.

오늘 아침에도 습관처럼 신문을 들여다보고 있는데, 상조회사가 재정적으로 문제가 있다는 기사가 실려 있었다. 강인한은 깜짝 놀랐다. 얼마 전 가족회의에서 의논하여 상조에 가입하고 부금을 나누어서 넣고 있던 터였다. 게다가 오늘 보도된 문제의 상조회사는 강인한 가족이 가입한 종합상조였기에 더 문제였다.

갑자기 강인한은 어제 탐방했던 골프장이 생각났다. 그 골프장은 큰 문제없이 잘 돌아가고 있었다. 상조회사도 골프장과 마찬가지로 회원모집을 통해서 사업을 하는 곳이다. 골프장의 자금조달 방식이 좋다고 한 섬회계사 말대로라면 상조회사가 과연 무슨 문제가 있을까 하는 생각이 들었다. 이것은 과제와는 관련이 없었지만, 강인한은 즉시 카페에 글을 올려 골프장과 상조회사에 대한 분석을 요청했다.

강인한이 질문을 올린 지 한 시간도 안 되어 섬회계사의 답변이 올라와 있었다. 그는 어제 방문한 골프장과는 전혀 다른 A리조트를 예로 들어주었다.

A리조트는 골프리조트 회원권을 600억 원 정도 분양한 곳으로써 입회 후 5년의 기간이 경과한 후에는 회원이 요구하는 경우 입회금을 반환해야 한다. 바로 내년이 입회금 반환시기였는데 현재 골프회원권 분양대금은 공사비와 운영비로 충당되어 실제 현금은 전혀 없다. 리조트 CEO와 주주들은 아마 내년이 무서운 해가 될 것이라고 평했다. 기존에는 골프장 회원들이 회원권의 가치를 보고 반환요청을 하지 않았지만 지금은 상황이 달라졌다. 회원권 가격이 많이 떨어져서 재산가치도 없고, 전국에 골프장이 우후죽순으로 생겨나는 바람에 회원권이 없더라도 부킹이 쉬워졌다. 이처럼 옛날보다 회원권의 매력이 적어졌다는 것이다.

A리조트의 문제점은 영업에서 이익이 나지 않는다는 것이다. 개장 이후 영업에서 이익을 한 번도 내지 못하고 있는 것은 시설투자비가 엄청나기 때문이다. 이익이 많이 나는 경기도의 36홀 골프장에 비해 18홀 골프장인 이 리조트는 투자비가 80퍼센트에 육박한다. 그중에서도 감가상각이 많은 건축물에 더 많은 투자가 이뤄졌다. 계속해서 회원권만 특별회원식으로 분양하고 있으나 이익이 전혀 나지 않으니 오래가지는 못할 것 같다.

......

그런데 이러한 골프장보다 더 심한 곳이 상조회사라는 것이다. 골프장은 땅이라도 있기 때문에 회원들이 돈을 못 받으면 골프장을 회원자격으로 이용하면 되고 최악의 경우 땅이라도 가질 수 있다. 그런데 강인한이 가입한 상조회사는 회원한테 받은 돈을 상조영업과 관련도 없는 땅과 건물을 사는 데 써버렸다. 또 상조영업 자체에서도 엄청난 적자가 나고 있었다. 260억 원의 매출을 위해 들어가는 영업비용이 380억 원이었다. 또

한 영업비용에서 가장 큰 것은 당연히 행사를 진행하는 데 들어가는 비용이어야 하지만 불행히도 100억 원 정도가 광고선전비와 판매촉진비였다.

고객을 위해 돈을 쓰는 것이 아니라 고객을 유치하기 위해 매출의 40퍼센트를 쓰고 있으니 적자가 날 수밖에 없고 시간이 갈수록 적자폭은 커진 것이다. 이 돈은 모두 미래에 사용하기 위해 고객이 불입한 부금에서 충당하고 있었다. 골프장은 가장 큰 금액이 유형자산이므로 부동산업종임을 알 수 있다. 그런데 상조회사는 가장 큰 금액이 광고선전비이므로 분양회사 성격이 강하다. 하지만 상조회사는 원래 고객모집이 업은 아니다. 이렇게 업의 본질과 관련이 없는 곳에 돈을 쓰는 경우에 잘되는 회사는 한 곳도 없다. 섬회계사는 마지막에 한 줄로 결론을 내리고 있었다.

"재무제표에서 가장 큰 금액을 차지하는 항목이 업의 본질입니다."

상조에 가입하기로 하고서 제대로 알아보지도 않았던 것이 문제였다. 회계마인드가 조금만 있었더라면 가입하고자 하는 곳의 재무제표를 한 번이라도 봤을 것이고, 남들 따라서 무조건 가입해 손해보는 것은 막을 수 있지 않았을까 하는 생각이 들었다.

보통 사람들은 [돈]을 주고 남의 돈을 빌리지만 부자들은 [혜택]을 주고 남의 돈을 빌린다.

2,000퍼센트 빚을 지고도
망하지 않는 비결은?

이번 모임에서는 강인한이 문제제기한 상조회사 일이 단연 화제가 되었다. 이야기를 하는 동안 섬회계사가 부채에 대해 부정적인 이야기를 계속 하자 박남규 사장이 어딘가 걱정스러운 얼굴로 질문을 했다.

"유통업 사장들끼리 한 달에 한 번씩 만나서 식사를 하는데요. 이번에 서울에서 온 어떤 사장은 온통 빚으로 사업을 한다고 들었습니다. 그런데 은행에서는 그 회사가 아주 건전하고 신용도도 좋다고 하거든요. 온통 빚밖에 없는 회사가 신용도가 좋다면 문제가 있는 것 아닌가요?"

섬회계사는 잠시 생각하더니 입을 열었다.

"그렇다고 차입금이 항상 나쁜 것은 아닙니다. 박 사장님께서 아시는 분이 제 고객 중 한 분과 아마 비슷할 것 같습니다. 고객 회사 한 곳은 부채비율이 2,000퍼센트에 달합니다. 부채비율은 나의 자본 대비 부채가 어느 정도인가를 나타내므로, 부채비율 2,000퍼센트는 내 돈의 20배가 넘는 돈을 차입해 사용하고 있는 회사를 뜻합니다. 재무제표를 본다면 당장 망하지 않는 것이 이상하죠? 하지만 그 회사는 10년째 매년 20퍼센트 성장을 달성하면서 승승장구하고 있습니다."

"어떻게 그럴 수가 있죠?"

호기심 많은 강인한이 섬회계사의 말이 끝나기도 전에 물었다.

"조금만 참고 기다려보세요. 막 얘기하려고 하시잖아요."

원은주 대리의 말에 강인한은 무안해했으나 그 표정에 모두가 한바탕 웃었다.

"그 사장님은 일부러 2,000퍼센트 부채비율을 유지하고 있었습니다. 사장님이 사업을 시작했는데 사업자금이 10억 원 정도였습니다. 보통의 사장님이라면 10억 원을 자본에 넣어 부채비율 제로인 회사를 만들 것입니다. 그런데 이 분은 회사설립에 필요한 최소한의 자본금인 5,000만 원만 회사의 자본으로 만들어놓았죠. 10억 원의 돈은 은행에 개인명의로 예금을 해놓고, 회사에서는 대표이사 예금을 담보로 대출을 10억 원 받았던 것입다. 결국 회사 재무제표만 본다면 자본은 5,000만 원,

차입금은 10억 원이나 되니까 부채비율은 2,000퍼센트입니다. 하지만 회사는 전혀 위험하지 않다는 것을 알 것입니다."

원 대리가 섬회계사의 말을 이어받아 금융인답게 정리해주었다.

"맞아요. 은행 차입금은 갚지 못했을 때가 문제죠. 대표이사 개인예금이 있으니 최악의 경우에는 예금으로 상환해버리면 되니 은행 입장에서도 회수에 전혀 문제가 없을 것 같네요."

"그런데 왜 사장님은 부채비율 0퍼센트를 유지할 수 있는데도 일부러 2,000퍼센트나 되도록 나쁘게 유지하려고 했을까요?"

박 사장은 여전히 궁금증이 풀리지 않은 모양이었다.

"차입금이 회사에 어느 정도 위기의식을 준다고 생각하신 거죠. 만약 자본금 10억짜리의 재무구조 탄탄한 회사를 만들었다면 직원들은 굉장히 안정적인 회사에 다닌다고 생각하며 열심히 하지 않았을 것입니다. 그런데 부채비율 2,000퍼센트짜리를 만들어놓으니 빚 10억 원을 갚아야 한다는 생각에 정말 열심히 해주었고 4년 만에 빚을 모두 갚았죠."

직원들은 회사가 10억 대출을 받았다는 것만 알았던 것이다. 사장도 대표이사의 개인예금이 담보로 제공되었다는 사정은 말하지 않았다. 빚이 직원들을 자극할 수 있다는 것을 그 사장은 잘 알고 있었던 것이다.

"사실 이런 것은 회계가 가진 함정인데 아마추어들은 숫자를 곧이곧대로 받아들이거나 맹신하는 경우가 많습니다. 그러나 돈 버는 눈을 가진 사람은 숫자 이면에 숨겨진 내용을 알기 위해 항상 호기심을 가지고 의문을 제기하는 습관이 있죠. 제가 회계사 생활을 하면서 가장 아쉬웠던 것이 회계전문가나 회계실무자들이 너무 회계에 몰입되어 회계학적 사고에서 벗어나지 못하고 있었다는 점입니다. 회계에 대한 책들도 재무제표를 만드는 데 치중해 비즈니스의 핵심은 수박겉핥기 식으로 지나치고 말더군요. 회계는 비즈니스를 일부밖에 반영하지 못하는데도 말입니다. 부채비율이라는 개념을 이해하고 계산된 부채비율을 보는 지식이 필요합니다. 그러나 부채비율이 2,000퍼센트면 위험하다는 식의 경직된 지식은 오히려 위험합니다. 숫자 이면에 들어 있는 진실을 파악하고 비즈니스의 핵심을 끄집어내는 것이 중요하죠. 차입금과 같은 부채는 그 금액 자체보다도 부채를 조달해 어디에 사용했는지, 부채를 갚는 데 문제가 없는지, 장부에 기록되지 않는 부채(부외부채)가 어느 정도인지를 파악하는 것이 우선이지요. 그리고 회사가 망하지 않도록 그 부채를 관리하면서 어떻게 비즈니스에 활용할 수 있는지를 생각하고 행동하는 것이 중요합니다."

손실이 나는데도 왜
재산이 늘어날까?

　강인한은 토론과 뉴스자료, 그리고 기업탐방 등을 통해 자금
조달 방법에 대한 내용을 상당히 정리할 수 있었다. 부채는 양
날의 칼이었다. 그동안은 부채가 나쁘다고만 생각해왔으나 꼭
그렇지 않다는 것도 알았다. 원은주 대리가 준 자료를 그대로
보고서에 덧붙였다.

> 예금 10억 원은 10억 원의 가치밖에 역할을 하지 못한다. 그러나 예
> 금 10억 원을 담보로 대출을 하면 10억 원 이상의 가치를 발휘하게
> 된다. 부채의 또 다른 레버리지 효과다. 부채는 자본의 효율성을 높여
> 주는 역할을 하는 것이다. 은행의 신용도는 예금을 많이 갖고 있는 사
> 람도 올라가지만, 대출을 많이 한 사람은 더욱 많이 올라간다.

그랬다. 강인한이 새로 안 사실은 부자는 대출까지도 자신에게 유리하게 활용한다는 것이었다. 레버리지 효과를 위해서, 자금출처를 마련하기 위해서, 또 낮은 금리를 적용받기 위해서 등 이유도 많았다. 사업에서도 부채가 무조건 나쁜 것만은 아니다. 부채로 조달한 자금을 어디에 투자했느냐가 중요하다.

강인한은 부자와 가난한 사람들을 나누어 생각해보았다. 부자들은 부채로 조달한 자금을 더 많은 수익을 내는 자산에 투자하고, 가난한 사람들은 부채로 조달한 자금이 자산이라고 생각했으나 실제로는 비용에 사용한다. 그리고 최악의 부류가 있으니 바로 비용을 쓰기 위해 부채를 조달한 사람들이다.

강인한의 호기심은 여기에서 끝나지 않았다.

'그러면 자본으로 자금을 조달하는 것이 더 안전한 것 아닌가?'

엊그제 신문 증권 면에서 유상증자가 오히려 주가하락을 부추긴다는 기사를 보았기 때문이다. 유상증자는 주주를 통해서 자본을 조달하는 것이고, 자금이 들어온다면 처음 비빔밥팀이 전부 자본으로 회사를 설립하려고 했던 것과 일맥상통하는 것이다. 그러면 자본이 좋다는 상식과 다른 것 아닌가 하는 생각이 들었다. 이번에도 강인한이 의지해 물어볼 수 있는 사람은 멘토인 섬회계사밖에 없었다.

강인한은 당장 전화를 걸었다. 섬회계사는 귀찮다는 내색도 없이 자세히 설명해줬다.

"제 주변에 돈을 빌리는 사람이 둘 있었습니다. A는 생활이 어려워 친척들에게 백만 원만 빌려달라고 했지만 거절당했습니다. 그가 평소에 별로 노력도 하지 않으면서 다른 사람한테 빌붙으려고만 하기 때문이었습니다. 한편 B는 투자를 잘하는 사람인데 얼마 전 좋은 상가를 발견했고 자신의 돈이 모자라서 지인들로부터 몇천만 원씩 투자를 받았습니다. 지인들도 B를 믿고 있었고 투자수익이 괜찮다고 판단한 것입니다. A와 B는 모두 자금을 조달하려고 한 것이지만 차이가 있죠? 그게 뭘까요?"

"A는 회수가능성조차 없어 보이지만 B는 수익성까지 있어 보입니다."

"맞아요. 모든 것은 긍정적인 면과 부정적인 면을 함께 가집니다. 회계의 유상증자 같은 자금조달도 좋은 경우도 있고 나쁜 경우도 있는 것이죠. 회사의 가계부나 다름없는 현금흐름표를 보면 누구나 알 수 있습니다.

영업활동에서 돈이 모자라 자금을 조달한다면 문제가 있습니다. 반대로 좋은 투자처가 있어서 자금을 조달한다면 오히려 좋은 기회입니다. 현금흐름표에는 자금조달은 재무활동현금흐름으로, 영업활동은 영업활동현금흐름으로, 투자와 관련된 것은 투자활동현금흐름으로 구분해서 표시합니다."

강인한은 섬회계사의 말을 어느 정도 이해할 수 있을 것 같았다. 유상증자로 들어온 돈은 투자자들의 투자가 목적인데 이 돈을 조달한 이유를 알려면 현금흐름표를 보면 되었다.

"자본잠식은 알죠?"

"아, 네⋯."

섬회계사는 더 깊이 묻지 않았지만 강인한은 순간 당황스러웠다. 회계용어의 경우, 많이 들어는 봤지만 정확히 개념을 물어보면 설명하기 힘든 것이 많았다. 그렇다고 누구한테 물어보기도 창피한 것이 남들은 다 아는 것 같았기 때문이다.

"자본잠식은 지속적으로 손실이 발생해서 초기에 주주가 투자한 돈, 즉 자본금이 줄어든 상황을 말합니다. 회사는 1억 원의 자본금으로 사업을 시작했는데 5년 동안 결손 누적액이 3억 원이라면 회사의 자본금은 완전 잠식되어 자본은 (-)2억 원이 됩니다. 이것을 완전자본잠식이라고 해요. 회사의 자본이 없어서 더 이상 사업이 곤란하다는 징표이기도 하기 때문에 금융기관에서는 자본잠식 상태의 회사에는 돈을 빌려줄 리가 없습니다."

"당연하죠. 손실이 나는데 돈을 빌려주겠습니까?"

"자본이 잠식된 회사들이 쓰는 편법이 있는데 어떤 건지 아세요?"

"글쎄요⋯."

"아까 말한 대로입니다. 증자를 해버리는 거죠. 3억 원만 증자하면 자본잠식이 해소되지 않겠어요? 회계에서는 손실이 늘어나면 자본금이 잠식되어가므로 자본은 감소하는 것이 일반적입니다. 그러나 어딘가에서 돈을 빌리려면, 얘기한 것처럼 자본잠식 상태에서는 불가능하기 때문에 증자를 통해 자본을 늘리는 거죠. 자본이 (-)2억 원인 상황에서 3억 원을 증자하면 1억 원이 됩니다. 결국 완전자본잠식을 면하면서 부채비율(부채÷자본)도 낮아지는 효과를 볼 수 있습니다."

섬회계사는 그날 밤 카페에 강인한이 물었던 내용에 관련된 회사의 재무제표를 올려주었고 친절한 설명도 빼놓지 않았다.

제조업체인 폴리플러스는 2010년 4월 24일 150억 원 규모의 유상증자 계획을 발표했다. 신규 사업에 투자하기 위한 자금이 필요해서다. 그러나 유상증자 공시 후 이틀 연속 주가가 하한가까지 추락했다. 유상증자는 회사의 자본금을 늘려 재무구조가 좋아지는 긍정적인 효과도 있지만, 반대로 회사에 자금문제가 있다고 생각하게 만들기도 한다. 폴리플러스의 현금흐름표를 보면 시장의 반응이 왜 그런지 이유를 알 수 있다.

폴리플러스의 현금흐름표

(단위: 원)

연도	2008	2009
영업활동현금흐름	(390,009,022)	(2,699,286,405)
투자활동현금흐름	(436,644,661)	(353,759,841)
재무활동현금흐름	191,158,830	3,623,868,399

2009년에 영업을 통해서 적자가 발생했고 이 부족한 자금을 재무활동에서 채웠다. 재무활동으로 자금을 조달한다는 것은 결국 유상증자나 차입을 한다는 의미다. 162억 원의 유상증자를 통해 110억 원의 단기차입금을 상환하고 나머지는 운영자금과 투자자금으로 사용했다. 또다시 2010년에 유상증자를 한다면 분명 영업에서 손실을 보고 그 손실금을 보전할 목적으로 증자나 차입을 통해 자금을 조달한다고 여겨진다.

2009년 금융감독원이 상장폐지를 앞둔 기업들에게 공통적으로 나타나는 사전징후들을 분석해서 발표한 바 있다. 상장폐지되었거나 상장폐지 사유가 발생한 기업 64곳을 기준으로 조사해보니 그 첫 번째 징후가 남의 돈으로 주식투자를 하는 것이었다.

조사대상 회사 중 70퍼센트가 영업손실을 기록하면서도 유상증자 등으로 현금을 조달해 투자를 했다. 그런데 투자대상이 영업이 아닌 다른 회사의 주식을 구입하거나 돈을 빌려주는 것이었다.

보통 사람들은 돈을 쓰기 위해 대출을 하지만
부자들은 돈을 벌기 위해 대출을 한다.

워렌 버핏은 왜
자본잠식 회사에
투자할까?

세상에 공짜점심은 없다고 했던가? 섬회계사는 강인한의 질문에 설명도 잘 해주었지만 그만큼 부담도 주었다. 그중 하나가 무료로 멘토링을 해주고 점심을 사주는 대신 항상 질문 하나씩을 가져오라고 한 것이다. 또 하나는 멘토링 외에 기타 질문을 하면 그에 대한 대답을 하고 하나의 숙제를 주는 식이었다.

오늘 강인한에게 보내온 숙제는 워렌 버핏에 대한 것이었다.

'워렌 버핏은 왜 무디스 같은 자본잠식 회사에 투자한 것일까?'

워렌 버핏이 자본잠식 회사에 투자했다는 것에도 놀랐지만, 세계적인 신용평가 회사인 무디스가 자본잠식이라는 말에 더욱 놀랐다.

워렌 버핏은 주식투자만으로 세계 최고의 부자가 된 사람이다. 그는 주주가치를 극대화하기 위해 노력하는 주주중심 경영회사에 투자하는 경향을 보여왔다.

강인한은 '왜 그랬을까요?'라고 당장 묻고 싶었지만 이것이 숙제인 이상 나름대로 조사를 해야 했다.

우선 무디스의 재무제표를 다운받는 것부터가 힘이 들었다. 무디스의 영문 홈페이지까지 찾아는 갔는데 어느 구석에서 재무제표를 다운받아야 할지 꽤 난감한 일이었다. 결국 기를 쓰다 다음과 같은 재무제표를 찾아냈다. 2008년 재무상태표다.

무디스

(단위: 백만 달러)

자산	1,773.4	부채	2,767.8
		자본	(994.4)
합계	1,773.4	합계	1,773.4

당시 무디스는 자본이 완전잠식되어 부채비율조차 계산이 안 되는 상황이었다. 그런데도 워렌 버핏은 이 회사에 투자했다. 무디스라는 브랜드가치 때문이었을까? 하지만 아무리 그렇다고 해도 재무제표를 무척 중요하게 생각하는 워렌 버핏의

그간 투자 스타일을 생각할 때 설득력이 떨어지는 가정이었다.

그런 생각을 하며 재무제표를 차근차근 들여다보던 강인한은 다른 회사 재무제표와 차이점이 있다는 사실을 발견했다. 바로 자기주식이라는 항목이었다.

워렌 버핏은 장기적인 경쟁우위를 가진 기업을 아주 좋아하는데 이런 기업들은 적은 자본으로도 경쟁우위를 가질 만큼 경제력이 있으므로 벌어들인 잉여금을 보유하고 있을 이유가 없다. 그래서 주주중심 경영을 위해 많은 돈을 주주를 위해 쓴다. 그중 주주가치 증대에 가장 효과적인 방법이 자사주 매입이라고 워렌 버핏은 공공연히 이야기해왔다. 배당을 받으면 세금을 내야 하므로 실제 주주가 손에 쥐는 돈은 적어진다. 그러나 자사주를 매입하면 소득세 과세대상이 아니면서 총발행주식 수가 감소되므로 남아 있는 주주당 몫이 커지고 결국 주가는 올라가게 되기 때문이다.

결국 워렌 버핏의 판단에 따르면 자사주 매입은 배당금보다 더 효과적인 주주가치 증대 방안이다. 실제로 무디스는 벌어들인 잉여금을 모두 주주를 위해 자기주식 매입에 사용했다. 자기주식을 매입해 소각하면 기존의 주식이 없어지는 결과를 가져오므로 자본금액은 감소하게 된다. 심지어 무디스처럼 자본잠식 상태까지 가게 된다. 그러나 무디스는 자기주식 취득액이 2008년 말 현재로 4,461.6백만 달러에 달했다. 자기주식 취득 전으로 재무상태표를 바꾸어보면 총자산과 총자본이 각각 4,461.6백만 달러가 늘어 다음과 같이 부채비율이 82퍼센트로 떨어진다.

무디스(자기주식 취득 전)

(단위: 백만 달러)

자산	6,135	부채	2,767.8
		자본	3,367.2
합계	6,135	합계	6,135

　자기주식은 자본의 감소를 의미하기 때문에 재무상태표의 자본 계정에서는 마이너스로 기록되며 지급한 현금만큼 자산이 줄어든다. 즉 지속적인 경쟁우위를 가진 회사는 자기주식 매입에 사용할 현금이 많다는 것을 알 수 있다. 따라서 장기적인 경쟁우위를 가진 회사는 재무상태표에 자기주식 항목이 많을 수밖에 없다. 자본잠식이 잉여금이 없어서인지, 아니면 잉여금으로 자기주식을 많이 취득해서인지를 구별할 수 있어야 한다.

　강인한은 첫 과제 발표 때를 떠올렸다. 회사를 설립하기 위해 자금을 조달하는 데 자본과 차입금을 어느 정도 어떻게 구성해야 하는지에 대한 고민을 전혀 하지 않았음을 스스로 느낄 수 있었다. 자금을 조달한다는 것은 그만큼 수익을 내야 한다는 의미이므로 사업성 분석이 모두 이루어진 다음 자금조달 규모를 어느 정도로 세우고, 자금조달 비용을 감당할 수 있는지 점검했어야 했다.

영업을 할수록 왜
빛이 늘어날까?

한 달에 한 번씩은 기업실무 과제와 별도로 기업을 분석하는 과제가 있는데 모의투자도 병행하도록 되어 있었다. 이번 주가 바로 기업분석 과제를 할 차례였다. 비빔밥팀에서는 조선업종을 분석해보기로 했다. 우리나라가 세계에서 1, 2, 3위를 모두 차지하고 있을 만큼 조선 강국인데다가 주가가 상당히 저평가되어 있다는 애널리스트의 보고서를 보았기 때문이다. 최근에 중국의 상승세가 무섭지만 그렇다 하더라도 우리 경쟁력이 우월하다는 것이 비빔밥팀의 생각이었다.

팀원들은 각 증권사에서 나온 애널리스트들의 보고서를 보고 자료를 정리하고 금융감독원 전자공시 시스템을 참고하며 재무적인 사항까지 정리했다. 발표 내용도 괜찮았고 교수님도 이번 시간만큼은 조금 쉬어가는 시간으로 생각했으면 좋겠다며 부담을 주지 않았다.

그날은 섬회계사까지 참관하면서 기업분석 발표를 들었다. 강의가 끝나고 비빔밥 카페에 들어와 보니 역시나 오늘 수업에 대한 섬회계사의 코멘트가 올라와 있었다.

> 보통 사람들은 업종이 호황이라면 당연히 이익도 많이 나고 재무구조는 좋아야 할 것이라고 생각한다. 최근 몇 년 동안 조선업종은 사상 최대 호황을 맞이했다. 그런데 사상 최대의 실적을 달성했는데도 신용평가 결과 좋은 등급을 받지 못했다. 계속해서 자본금이 줄어들고 있었으므로 부채비율이 급상승했던 것이다. 당연히 신용평가사들은 신용등급 하락을 경고했고, 투자자에게는 기피 대상으로 찍혔다.

섬회계사가 올려준 금융감독원 자료에서도 우리나라 굴지의 조선업체 자본이 급격히 줄고 있고 어떤 회사는 자본이 완전히 잠식된 것으로 나타났다. 자본잠식 우려가 제기되면서 회사채 금리가 급등하고 각 회사는 대출금 조기상환 압박에 시달리고 있었다.

2007년 말 4,800억 원이던 자본금이 6개월 만에 860억 원으로 줄어들어 196퍼센트였던 부채비율은 2,500퍼센트대로 치솟았다. 빅3 조선업체의 부채비율도 1,300~1,500퍼센트에 이르렀다.
몇 년째 호황을 누리고 있는 조선업과 관련 업체에 왜 이런 일이 일어나는 것일까?

섬회계사의 마지막 문장은 숙제나 다름없다. 조선업종이 영업을 잘할수록 왜 재무구조가 안 좋아지는가에 대한 해답을 구하라는 얘기다.

강인한은 상식적으로 이해가 잘 가지 않았다. 장사를 잘하면 당연히 이익이 많이 나고 재무구조가 좋아져야 할 것 같은데, 도무지 이해할 수 없는 구조였다. 강인한은 섬회계사한테 배운 재무제표를 보는 팁 한 가지를 떠올렸다.

'큰 숫자를 봐라.'

강인한은 표에서 가장 큰 숫자가 그 업종의 본질과 관련되어 있다는 섬회계사의 말을 생각하며 재무제표를 자세히 뜯어보았다. 그랬더니 조선업종이 선수금 사업이라는 것을 금방 알 수 있었다. 선수금 항목이 굉장히 큰 비중을 차지하고 있었고 이 금액 때문에 부채가 늘어날 수밖에 없었다.

(단위: 백만 원)

자산	2,202,915	선수금	731,201
		......	......
		자본	86,283
자산총계	2,202,915	부채자본총계	2,202,915

그렇다면 선수금이란 것이 무엇일까? 인터넷으로 검색해보니 어렴풋이 알 것도 같았지만 명확한 개념이 잘 들어오지 않았다.

다행히 며칠 후 멘토링이 있으니 이 문제를 그때까지 보류하기로 했다. 멘토링이 몇 번 지속되면서 이제 어느 정도 안정이 되어가고 있다는 느낌이 들었다. 팀원 중 누구는 자신의 업에 대해 물어보기도 하고 과제에서 풀리지 않는 부분을 끙끙 싸매다 오기도 했다. 오늘 강인한이 준비한 질문은 선수금이었다. 조선업종에서 선수금이 중요한 것 같은데 이에 대한 궁금증이 완전히 풀리지 않았기 때문이다.

"섬회계사님, 며칠 전 카페에 올려주신 조선업종 말인데요. 재무구조를 분석해보니 부채비율이 상당히 높았는데 그 이유가 선수금에 있더라고요. 선수금이라는 게 어떤 항목이기에 이렇게 많은 부채로 자릴 잡고 있죠?"

역시나 섬회계사는 이런 질문이 나올 줄 알고 미리 자료를 준비해왔다. 섬회계사가 준비해온 자료는 JU네트워크라는 회사의 재무제표였다.

JU네트워크

(단위: 백만 원)

선급금	854,290	**선수금**	930,871
재고자산	0	**자본금**	3,000
......	......	......	......
자산총계	1,024,871	**부채자본총계**	1,024,871

"이 회사는 지금은 없어졌지만 수년 전까지 네트워크 마케팅 회사 중 급부상했던 JU네트워크라는 회사입니다. 당시 재무제표 중 일부예요."

"이 회사도 선수금이 아주 많네요."

"많은 정도가 아닌데요. 총 부채자본 1조 원 중 90퍼센트가 넘는 9,300억 원이 선수금이네요."

"이 회사는 네트워크 마케팅을 이용해서 물건을 파는 회사였어요. 표에서 큰 금액이 선수금이죠. 선수금은 물건을 인도하기로 약속하고 받은 계약금을 말합니다. 나중에 물건으로 인도해야 할 의무가 있으니까 부채로 기록하는데, 사실 좋은 부채죠."

섬회계사의 말에 강인한은 조금씩 가닥이 잡혀가는 듯했다.

"그럼 조선업종도 선수금이 많으면 영업을 잘해서 계약금을 많이 받은 것으로 이해하면 되겠네요."

"맞아요. 그런데 JU네트워크 회사는 선수금 외에 선급금도 많다는 게 문제입니다. 자본금이 30억 원밖에 안 되지만 사업자들로부터 선수금을 9,300원이나 받았고, 이것을 선급금이란 항목으로 지출했네요. 선급금은 재고 취득을 위해 미리 지급한 금액이죠. 재고자산 항목을 보세요. 0원이죠? 제품을 판매하는 회사인데 재고자산은 전혀 가지고 있지 않으면서 선급금이 이렇게 많다는 것은 실제 재고를 구입한 것이 아니라 돈놀이를 한 것으로 추정할 수밖에 없는 것입니다."

섬회계사의 설명에 다들 가족 중 한 명은 JU네트워크 사업자에 속해 있었다고 한 마디씩 거들었다.

회사에 필요한 자금은 수익으로 조달해야 한다. 부채와 자본으로 조달하는 것은 초기에 수익이 없는 경우와 회사의 규모를 키워서 성장하기 위한 목적이 있어야 한다. 그런데 JU는 사업 자체가 수익이 아니라 차입이었다. 고객들로부터 차입을 해서 차입한 돈으로 다른 투자를 하기 위한 것이었는데 차입의 명분이 재고를 없애는 것이었다. 어차피 재고를 가져가지도 않을 것이고 수당만 주면 사업자들은 돈을 JU본사로 입금하기 때문이다. JU본사가 이들 사업자로부터 받은 돈은 '선수금'이라는 항목으로 기록하고 있었다. 돈만 받았을 뿐 실제 물건을 인도한 것은 아니기 때문에 추후 언젠가는 물건을 인도해야 하는 부채에 해당한다.

조선업은 수주산업이다. 배를 수주해 건조하는 데까지는 상당한 시간이 걸리므로 계약금과 중도금을 여러 차례에 걸쳐 나눠 받는다. 배 한 척당 가격이 높기 때문에 계약금만 해도 굉장히 큰돈이다. 이때 발주처로부터 받는 계약금은 회계처리상 무엇으로 해야 할까?

재무제표에서는 회사에 돈이 들어오면 오른쪽에 기록하고 회사에서 나가는 돈은 왼쪽에 기록한다. 계약금도 회사에 들어온 돈이므로 재무제표 오른쪽에 기록한다. 오른쪽에 기록하는 항목은 크게 부채, 자본, 수익 세 가지다.

그렇다면 조선사가 선주로부터 받은 선수금은 부채, 자본, 수익 중 어느 항목에 들어갈까? 정답은 부채이다. 부채는 미래에 상대방에게 갚아야 하는 경제적인 부담인데, 계약금 같은 선수금은 미래에 배를 만들어서 갚아야 하는 부담이 있으므로 부채에 해당한다. 결국 선주로부터 배를 많이 수주하면 계약금이 많아져서 부채가 늘어나는 것이다.

선수금 부채는 선박 엔진을 납품하고 대금을 받는 순간 장부상 부채 항목에서 자연스레 사라진다. 부채가 늘어나면 부채비율(부채÷자본)이 증가해 외국 선주와 수주협상을 할 때 재무적

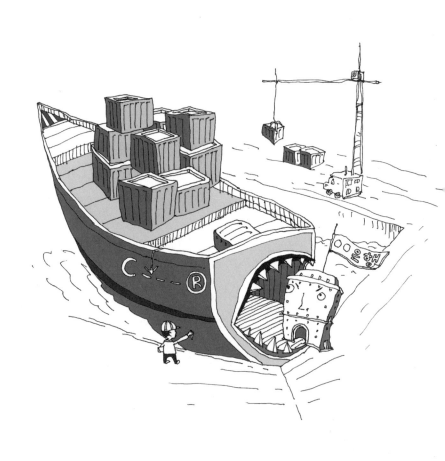

인 문제가 되거나 은행권에서 돈을 빌릴 때 차입금리를 높여달라는 요구를 받기도 한다. 한 조선업체의 당시 재무제표를 보면 부채 2조 1,000억 원 중 선수금 부채가 7,312억 원이나 되는 것을 알 수 있다.

그런데 조선업종의 선수금 같은 부채는 회사의 영업실적을 나타내는 좋은 부채라 할 수 있다. 그런데도 우리는 무조건 부채비율이 높으면 재무구조에 문제가 있다고 생각해버리기 쉽다. 그래서 요즘은 단순히 부채비율만 가지고 재무구조의 안정성을 판단하기보다는 부채 중에서 이자가 나가는 부채인 차입금만 가지고 판단하는 차입금의존도(차입금÷자산)를 더 주의 깊게 본다.

변호사는 왜
야근을 할수록
손해가 날까?

선수금에 대한 개념을 알고 나니 조선업종에 대한 분석이 한
결 재미있어졌다. 비빔밥팀은 선수금을 제외한 나머지 수치를
가지고 재무구조 분석을 계속했다. 조선업종에 대한 이야기가
한창 진행되고 있는데 섬회계사를 알은체하는 신사 한 분이 있
었다.

"섬회계사님, 오랜만입니다."

"아이구, 박 변호사님. 여기서 만나네요."

섬회계사는 자신의 오랜 지기인 박영호 변호사를 소개했다.
사법시험에 합격하고 외국에서 오래 살다가 얼마 전 국내에 들
어와 개인사무실을 운영하고 있다고 했다.

"변호사님, 요즘 어떻게 지내세요?"

"만날 바빠요. 그런데 바쁜 만큼 돈이 들어와야 하는데 돈은 못 벌고 바쁘기만 한 것 같아요."

두 사람은 서로 악수를 하면서 반갑게 안부를 주고받았다.

"오늘은 손님도 있고 하니 다음에 따로 뵙도록 하시죠."

"그럽시다. 꼭 한번 만납시다."

박 변호사가 자리를 뜨자마자 강인한이 물었다.

"변호사는 고소득업종 아닌가요?"

강인한의 느닷없는 질문에 섬회계사보다 먼저 원 대리가 답을 한다.

"강인한 씨는 그것도 질문이라고 하세요?"

"아니, 그게 아니라요. 아까 변호사님이 야근만 많고 돈은 안 들어온다고 하셨잖아요."

"그거야 엄살 아니겠어요? 아유, 왜 그렇게 눈치가 없으세요."

강인한과 원은주 대리가 서로 티격태격하는 모습을 섬회계사와 다른 팀원들은 좋은 구경거리를 만난 듯 보고 있었다.

"두 분 말씀이 일리가 있는데요, 박 변호사 경우는 한 가지 고충이 있어요. 그것도 선수금과 관련이 있네요."

"선수금이요?"

"박 변호사 같은 경우 사실 예전부터 끌고 온 사건들도 많습니다. 민사사건 같은 경우는 결론이 잘 안 나서 몇 년씩 가기도 하죠. 수임료는 일을 착수하면서 모두 받아버리기 때문에 사건이 오래 진행될수록 변호사는 고생을 하게 됩니다. 뒤에 해주는 일은 돈을 받을 수 없으니까 어떤 때는 일을 많이 하는데도 사무실에서는 직원 월급 줄 돈이 없는 경우도 있어요."

"아, 변호사도 역시 선수금을 받는군요."

복사해 온 재무제표를 뒤적이고 있던 박남규 사장이 처음 듣는 얘기라며 말했다.

"착수금 명목으로 받는데 대부분 성공보수를 받지 못하는 게 현실이라서 사건 수임료를 선불로 받고 있는 거죠. 그러니까 나중에는 결론 나지 않은 사건이 늘어나게 되고 그런 일이 많다 보면 돈은 들어오지 않는데, 일만 하는 경우가 생기는 거랍니다."

이것이 현금과 이익의 차이다. 회계학적으로는 착수금을 받을 때는 현금이 들어왔고 아직 일은 하지 않았기 때문에 이익이 아니다. 나중에 일을 하게 되면 이익이 발생하지만 현금은 진작 들어왔기 때문에 현금흐름은 제로이다. 그래도 변호사의 경우에는 선수금을 받았기 때문에 다행이지만, 현금을 받지 못하고 미수금으로 남아 있는 경우는 대손 가능성까지 걱정해야 한다.

회계사의 경우에는 미수금이 골칫거리다. 계속적인 거래처인 경우에는 한두 달 돈을 지급하지 않는다고 대손처리할 수도 없고 대금 독촉을 강하게 할 수도 없다. 그러다 보니 회계사에게 미수금은 사업을 운영하는 데 핵심 관리사항이 된다. 이에 비해 변호사처럼 일회성 거래처가 많은 경우에는 선수금을 받고 일을 빨리 처리하는 것이 수익성의 핵심이 된다. 따라서 일이 지연될 것 같은 경우에는 별도의 시간당 청구계약을 해야 한다.

보통 사람들은 │ 내 │ 돈만으로 돈을 벌려고 하지만 부자들은 │ 남의 │ 돈으로 돈을 벌려고 한다.

섬회계사의 돈 버는 눈-1

* 트위터와 페이스북을 통해 저자와 독자들이 주고받은 이야기를 담았습니다.

왜 은행 직원들이 부자가 아닐까요?

● **독자의 눈** 은행 직원들이 모두 빚을 얻는 것은 아닌 것 같습니다. 저희 아버지는 아주 근검절약하며 성실하게 일하는 분이시고 어느 정도 재산도 모았습니다. 은행 직원들이 모두 돈을 낭비하며 과소비를 한다는 것은 너무 비약적인 것 아닌가요?

● **회계사의 눈** 꼭 은행 직원을 예로 든 것은 아닙니다. 공인회계사 시험에 합격했을 때 회계사회에 합격증을 받으러 갔는데 문앞에 카드사 직원들이 많이 나와 있더군요. 이미 합격자 명단을 입수해서 골드카드로 열 장의 카드를 마련해놓고 있었습니다. 당시 골드카드는 아무에게나 발급해주지 않는 부와 명예의 상징이었습니다. 급여가 전혀 없이 연수를 받는 두 달 동안 카드회사에서 마련해준 카드로 열심히(?) 썼습니다. 그 카드값을 갚는 데 2년이 걸리더군요. 특정 업종이 그렇다는 것은 아니지만, 차입을 쉽게 할 수 있는 업종이 소비수준이 높아질 가능성이 많다는 것을 이야기하고자 한 것입니다. 부자가 되기 위한 첫걸음은 절약입니다. 그리고 소득이 많아져야 부자가 되는 것입니다.

왜 골프장은 회원권을 부채로 기록할까요?

● **독자의 눈** 골프장이 회원권을 분양하면서 매출보다 부채를 좋아한다고 하였습니다. 그러나 반환시기가 도래한 회원보증금 때문에 골프장들이 도산 위기에 처하는 것을 보면 부채로 조달한 것이 실패한 전략이 아닐까요?

● **회계사의 눈** 기업이 차입을 하는 이유는 레버리지 효과를 거두기 위해서입니다. 레버리지의 바탕에는 성공한 사람이나 기업들은 남의 돈을 잘 이용한다는 생각이 깔려 있습니다. 골프장이 회원권을 부채로 분양한 것은 이런 레버리지 효과를 거두기 위한 것이었고 과거에 부동산과 회원권가치가 상승하는 시기에서는 반환문제가 발생하지 않았습니다. 그런데 공급과잉으로 회원권가치가 상승하지 않는 시기로 접어들면서 문제가 되기 시작한 것이지요. 그래서 진정한 레버리지는 남의 돈이 아니라 남의 힘을 잘 빌리는 것이라고 생각합니다. 능력 있는 사람들에게 공통된 가치를 공유하고 그 힘을 하나로 묶어서 최대화시키는 것입니다.

어떻게 회계를 통해 돈을 벌 수 있나요?

● **독자의 눈** 회계를 통해 돈을 버는 법을 배울 수 있다고 하셨는데 실제 빚이나 유동성 등의 개념들이 돈을 어떻게 벌게 해주는지 잘 와닿지 않습니다. 실제 돈을 버는 방법보다는 자금조달이나 투자 등 사업에 대한 이야기를 많이 하고 있는 것 같은데요.

● **회계사의 눈** 주식투자를 하는 사람 중에 어떤 사람은 종목추천을 원하곤 합니다. 전문가가 추천해주는 종목을 매입해서 단기간에 돈을 벌고 싶은 사람들이지요. 그러나 이렇게 해서는 절대 돈을 벌 수 없습니다. 실제 주식투자에 성공하려면 돈의 흐름을 잘 알아야 합니다. 그래서 환율이나 금리, 회계지식 등이 필요한 것이지요. 이 책은 어떤 종목을 사서 돈을

벌라고 하는 책이 아닙니다. 돈을 벌기 위한 본질적인 내용을 전달하고자 하는 것이지요. 돈은 기업이 버는 것이고 기업이 움직이는 원리를 알아야 돈의 흐름을 읽을 수 있습니다. 한편 기업을 움직이는 원리를 업의 본질이라고 하는데 다행히 회계를 알면 업의 본질을 이해하는 데 아주 큰 도움을 받을 수 있지요. 비단 주식투자자뿐만 아니라 사업가나 직장인, 주부도 비즈니스의 본질을 이해해야 돈의 흐름을 읽을 수 있습니다.

 돈 버는 눈을 갖기 위해 꼭 알아야 할 회계 용어

자본(자본금과 잉여금)

자본은 크게 최초 출자금인 자본금과 경영을 하면서 벌어들인 이익의 누적치인 잉여금으로 구분할 수 있다. 한편 자기주식을 취득하면 주식이 없어질 것이므로 자본에서 차감하는 형태로 표시된다.

매입채무, 미지급금

상품이나 제품 같은 재고자산을 외상으로 매입하면 매입채무로 기록한다. 한편 부동산이나 기계장치, 비품 등을 외상으로 구입하였을 경우에는 미지급금으로 기록한다. 차입금이나 미지급금, 매입채무 모두 계약내용을 지키지 못하는 경우 압류나 경매 등의 법적인 절차가 뒤따른다.

현금흐름표

기업의 현금흐름을 나타내주는 표로 영업활동, 투자활동, 재무활동으로 구분하여 작성한다. 영업활동으로 인한 현금흐름은 매출, 매입, 판매 등으로 증감한 현금흐름을 표시한다. 투자활동에 의한 현금흐름은 투자자산과 유형자산의 처분이나 취득으로 인하여 증감한 현금흐름을 표시한다. 재무활동에 의한 현금흐름은 차입금을 차입(또는 상환)하거나, 증자(또는 감자) 등으로 인하여 증감된 현금흐름을 표시한다.

부채비율

부채는 타인으로부터 조달한 자금이므로 나중에 상환해야 할 의무가 있다. 외상매입금이나 미지급금처럼 이자를 지급하지 않는 부채와 차입금처럼 이자를 지급해야 하는 부채로 구분된다.

부채비율은 기업의 자기자본 중에서 부채가 차지하는 비율(부채÷자본)로서 이자비용을 지급하는 부채뿐만 아니라 이자비용이 없는 부채도 포함하여 계산한다.

선수금

제품 및 상품이나 서비스를 팔기 전에 먼저 받은 돈을 말한다. 따라서 나중에 갚을 때는 돈으로 갚는 것이 아니라 제품이나 상품을 인도해야 할 의무가 있으므로 부채에 해당한다.

차입금의존도

자산(부채+자본)에서 차입금이 차지하는 비율(차입금÷자산)로서 이자비용을 부담하는 부채만 고려한 것이다.

부채비율과 차입금의존도 모두 재무위험을 측정하기 위해서 사용하는 비율로서 회사가 망할 위험이 어느 정도인지를 판단하게 해준다.

차입금

다른 회사나 은행으로부터 빌려온 돈으로 일정한 기한 내에 원금과 이자를 상환한다는 조건이 전제된다. 만약 원금이나 이자를 상환하지 못하면 재산에 압류가 들어올 수 있고 최악의 경우 회사가 부도날 수 있다.

보증금

임대차계약을 할 때 건물주가 임차인으로부터 받는 보증조의 돈이다. 건물주 입장에서 보증금은 부채다. 계약이 종료되어 나갈 때 되돌려줘야 하기 때문이다. 만약 월세처럼 받고 나서 상환하지 않아도 되면 임대차계약 기간으로 나누어 수입으로 잡을 것이다.

이와 마찬가지로 부동산이나 이용권 등을 분양하고 받은 회원보증금은 회원에게 나중에 돌려줘야 하기 때문에 분양회사 입장에서 볼 때 부채가된다. 만약 헬스나 골프장 이용권처럼 나중에 돌려주지 않는다면 계약기간 동안 나누어서 수입으로 기록한다.

한 번의
투자로

여러 개의
수입을
얻어라

왜 연예인은 자산이고
운동선수는 비용일까?

"이번 주 뉴스 스크랩 중에 괜찮은 것 있어?"

박남규 사장이 강인한을 보면서 묻는다. 수업 전에 그주의 뉴스를 간추려서 흥미로운 기사를 가지고 토론하는 시간을 갖는 중인데 요즘은 기삿거리가 많지 않았다.

"강인한 씨는 연예 면만 보잖아요?"

원 대리가 강인한을 살짝 건드리는 듯 말을 던진다. 악의가 있는 말이 아니라는 것은 누구나 알고 있다.

"그래도 사람이란 재미있게 사는 것이 가장 중요하지 않나요? 제가 연예 면을 보는 건 다 이유가 있어서라고요."

"자, 자. 농담 말고 시간도 얼마 남지 않았는데 얼른 이번 주

뉴스 중 토론할만한 것이 있는지 한번 찾아봐."

경제와 사회 면을 다 뒤졌지만 별 특별한 이슈가 없었다.

"나라가 평온하다는 이야기죠."

방 이사의 말에 강인한이 까불거리며 말한다. 몇 번의 팀 모임을 갖는 동안 서로 많이 가까워졌다는 표시다.

"이거, 나라가 평온해도 걱정이다. 우리가 과제를 못하게 되니 말야. 하하하."

박 사장의 한마디에 모두 맞장구를 쳤다.

그때 연예 면 기사 하나의 헤드라인이 강인한의 눈에 들어왔다.

'우리나라 축구구단 대부분 자본잠식'

"잠깐만요. 이거 한번 보세요."

강인한은 팀원들을 연예 면 기사로 집중시켰다. 기사 내용을 요약하자면 이랬다.

"프로 축구구단 '인천 유나이티드 FC'가 상장을 준비하면서 구단의 자산가치를 책정해봤다고 한다. 30여 명의 축구 선수들 몸값으로 지급한 금액이 꽤 되기 때문에 자산가치가 높을 것으로 기대하고 있었다. 그런데 기대와는 달리 선수의 몸값은 모두 비용으로 처리되었고 자본잠식 상태로 나왔다는 것이다."

가장 먼저 강인한 쪽으로 달려간 원 대리를 비롯하여 방 이사, 박 사장도 귀를 쫑긋하며 집중했다. 강인한은 그 자리에서 노트북을 켜고 금융감독원 전자공시 시스템을 찾았다. 그중 프로야구단의 재무제표를 열어 보여주면서 이야기를 계속했다.

"이것은 모 프로야구단 재무제표인데 선수들의 몸값 같은 전속계약금이 모두 선수단 운영비로 들어가 있어요. 그래서 무형자산은 제로(0)입니다. 자본금 30억 원으로 시작했는데 10억 원밖에 남지 않았으므로 20억 원의 자본잠식이 된 상황이네요."

○○ 프로야구단

(단위: 억 원)

무형자산	0	부채	162
		자본	10
……	……		
자산총계	172	부채와자본총계	172
선수단운영비	187	매출액	324
기타사업비	55		
……	……		

'정말이네.' 하는 표정으로 팀원들은 재무제표를 유심히 들여다보고 있었다. 그때 원 대리가 고개를 갸우뚱하며 이야기했다.

"축구선수 같은 스타 몸값도 억대지만 연예인들 몸값도 그에 못지 않잖아요. 연예 기획사들 몇 군데도 상장되어 있는 걸로 아는데 그런 곳들은 자본잠식 문제를 어떻게 피해 갔을까요?"

강인한은 전자공시 시스템에서 다른 회사를 검색했다. 과연 연예 면 마니아답게 연예 관련사를 금방 찾아냈다.

"여기 비오에프 재무제표가 있네요. 배용준이 대주주로 있는 곳이죠."

비오에프			
			(단위: 억 원)
무형자산	25	부채	91
……	……	자본	50
자산총계	141	부채와자본총계	141

"어라? 자세히 보니 배용준 외 8명 연예인의 전속계약금이 무형자산으로 기록되어 있군. 연예인의 몸값이라는 것도 축구선수와 비슷한데 자산으로 기록되네."

방 이사가 재무제표를 살펴보며 신기하다는 듯 말했다.

"정말이군요. 이 무형자산은 전속계약 기간으로 나누어 비용으로 감각상각하고 있기도 하네요."

박 사장도 노트북 모니터에 얼굴을 가까이 대고 들여다보다가 고개를 들면서 말했다.

두 사람의 얘기를 듣고 있던 원 대리가 대뜸 물었다.

"왜 축구스타의 몸값은 비용으로 기록하고 연예스타의 몸값은 자산으로 기록하는 걸까요?"

다들 대답이 궁한 상황에서 강인한이 벌떡 일어나며 자신 있게 말했다.

"그걸 알면 내가 왜 이 아카데미를 다니겠어요! 우리 훌륭하신 섬회계사님께서 설명을 해주실 것입니다. 수업 후를 기대하시라, 짜자잔!"

세 사람은 강인한의 천진난만한 자신감에 그저 웃을 수밖에 없었다.

그날 수업이 끝나고 섬회계사와 만났을 때 강인한이 이야기를 요약해서 들려주었다. 막판에 어이가 없었다는 원 대리의 부연설명도 있었다.

섬회계사도 웃음기를 머금으며 설명을 시작했다.

"자산은 미래에 돈을 벌어와야 하기 때문에 미래에 대한 예측이 가능해야 합니다. 그러나 운동선수들은 연예인에 비해 증명이 어렵기 때문에 비용으로 처리하는 거죠. 연예인은 인기가 올라가면 광고나 드라마 출연 등으로 수익이 계속 붙고 미래수익을 어느 정도 예측할 수 있죠. 하지만 운동선수들은 그보다 훨씬 불확실해요. 축구선수를 예를 들어보면, 경기 성적이 어떨지 예측하기 힘들지 않을까요? 게다가 훈련이나 경기 도중 부상 위험도 높은 편이죠."

"그렇지만 왜 연예인과 운동선수를 차별대우하느냐고 스포츠 구단에서 불평할 수 있지 않을까요?"

"맞습니다. 그러나 이런 불만은 일반 회사도 마찬가지입니다. 회사에는 연구개발비라는 항목이 있습니다. 1990년대까지만 해도 연구개발비는 거의 대부분 자산으로 처리해주었어요. 연구개발은 미래에 더 높은 수익을 창출하기 위해서 지출하는 것이므로 당연히 자산으로 처리해야 한다고 생각했기 때문입니다. 그런데 1990년대 말 벤처 붐이 일어나면서 아이디어 하나로 창업을 한 벤처회사가 넘쳐났죠. 그런 회사들은 연구개발비가 유일한 지출이었지만 아직 연구개발 중이므로 매출은 전혀 없었죠."

"말 그대로 벤처네요."

"네, 정말 모험을 거는 회사들이죠. 그런데 매출이 전혀 없는 벤처의 연구개발비를 비용으로 처리한다면 손실폭이 커지고 펀딩은 아주 어려워질 것입니다. 그래서 벤처들의 연구개발비가 자연스럽게 자산으로 분류되었죠. 그러나 2000년대 초 벤처 거품이 꺼지고 나서 각종 게이트에 벤처 1세대들이 많이 관련되어 있다는 것을 알게 되었습니다. 주식시장에서 투자받은 돈을 로비자금에 충당하고 테헤란로에 좋은 건물을 짓고 부동산투기에 나섰던 것이죠. 그때부터 연구개발비에 대한 시각이 달라졌습니다."

그 후부터는 연구개발비를 무조건 자산으로 처리해주지 않는다는 것이다. 오히려 대부분의 연구개발비는 비용으로 처리한다. 미래의 수익창출을 증명하기가 쉽지 않기 때문이다. 만약 연구개발비를 자산으로 처리하려면 상당히 까다롭게 규정된 미래 수익창출 가능성을 증명해야만 가능하다. 연구개발을 열심히 하여 미래에 수익을 내고 싶다는 것은 누구나 갖는 마음이지만 이것을 증명한다는 것은 쉬운 일이 아니다.

전문가인 회계사한테도 연구개발비를 자산과 비용으로 구분하는 일은 무척 힘든 일인데 이는 미래에 수익을 창출할 수 있을지를 판단하고 증명하는 것이 여간 어렵지 않기 때문이다. 그런 점에서 자산과 비용을 구분할 줄 아는 사람이라면 이미 회계의 대부분을 알고 있다고 할 수 있다.

섬회계사는 외국 사례도 하나 들어주었다. 미국의 마이크로소프트는 1990년대 후반에 연구개발비를 100퍼센트 비용으로 처리했다. 당시 마이크로소프트는 반시장독점법 위반 혐의로 재판을 받고 있었기 때문에 만약 마이크로소프트의 당기순이익이 늘어나면 재판에 불리하게 될 가능성이 높았다. 재판이 진행되는 중에는 개발비를 전액 비용으로 처리해 이익을 줄였지만, 몇 년 후 재판에서 이길 가능성이 확실해지자 일부를 자산으로 처리하기 시작했다.

왜 연구개발비가
많을수록
적자가 발생할까?

섬회계사는 강인한에게 연구개발비 때문에 문제가 되는 업종의 기업들을 살펴보라고 했다. 강인한은 아카데미 과제 외에 다른 과제가 자꾸만 생겨갔지만 새로운 업종을 이해하는 데 회계만큼 좋은 도구는 없다는 것도 확신하게 되었다. 섬회계사도 강인한의 열정이 마음에 들었던 모양이다.

기세 좋게 시작은 했지만 강인한은 어떤 업종을 잡아야 할지 막막했다. 업종 선택까지는 섬회계사의 조언을 받았다.

"연구개발비는 무형자산으로 분류하기도 하지만 판매비와 관리비로 분류되기도 합니다. 판관비가 많은 업종이 제약업종이니까 그쪽을 조사해보세요."

인터넷을 검색해보니 제약업종의 연구개발비에 대한 기사가 많이 나와 있었다. 제약업체는 특히 판관비를 많이 사용하는데 매출액의 40퍼센트에 달하기도 했다. 그래서 여론에서도 비난을 받아왔다는 것을 알 수 있었다.

하지만 무작정 비난을 하기에도 문제는 있었다. 연구비가 판관비에 포함되어 있었기 때문이다. 모 제약회사의 경우 매출액의 44퍼센트가 판관비인데 실제 비용으로 처리된 연구개발비를 빼면 일반 제조업보다도 판관비가 더 적어지는 경우도 있었다. 이러한 자산과 비용의 관계를 모르고 포괄손익계산서를 읽는다면 제조업보다 2~7배 이상 높은 연구개발비를 지출하고도 '영업의존형' 기업으로 비쳐지는 셈이다.

한 보고서에 따르면 국내 120개 제약업체가 2007년 판관비로 4조 1,739억 원을 썼다고 한다. 전체 매출액의 39.1퍼센트나 차지한다. 이로 인해 "제약사들이 구태의연한 영업 판촉에 막대한 돈을 뿌리고 있다"는 비난 여론이 쏟아진 것이다. 한 제약회사 임원은 연구비가 판관비 항목에 포함된다는 것에 불만을 갖고 있다는 인터뷰도 있었다.

강인한은 실제로 판관비 비중 6위에 올라 있는 A사의 재무제표를 분석해보았다. 매출액 2,810억 원 중에서 판관비로 1,241억 원이나 지출하고 있어 매출액 대비 판관비 비중이 44.05퍼센트에 달했다. 그러나 판관비 중에서 연구비와 경상

개발비가 477억 원이나 되어 이를 빼고 나면 실제 매출액 대비 판관비 비율은 27퍼센트였다. 그 정도라면 일반 제조업(15~20퍼센트)과 큰 차이가 없었다. 자산으로 처리되는 연구개발비도 931억 원이나 되지만 비용으로 처리되는 연구개발비도 477억 원이나 되었던 것이다. 바로 이런 이유로 연구개발비를 매년 획기적으로 늘리고 있는 제약사들이 한편으로는 영업의존형 기업으로 비쳐지고 있었다.

○○제약

(단위: 억 원)

연구개발비(자산)	931	부채	1,103
……	……	자본	2,777
자산총계	3,880	부채와자본총계	3,880
판매비와관리비 (연구비)	1,241 (477)	매출액	2,819

강인한은 나름대로 분석한 자료를 섬회계사에게 보냈다. 섬회계사는 강인한이 생각보다 훨씬 정교하게 분석해온 것을 보고 흐뭇해하며 코멘트를 달아주었다.

우리는 자산은 늘리면 좋은 것으로 생각하고 비용은 적어야 좋다고 생각합니다. 그러면서 비용을 줄이려고 열심히 비용 항목을 체크하죠. 그러나 비용은 자산에서 옵니다. 건물이란 자산이 시간이 가면서 감가상각을 당해 비용으로 바뀌는 것입니다. 자산 항목에 기재되는 자산의 대부분은 사실 앞으로 비용화할 항목에 지나지 않는 것이죠. 그래서 성장하는 회사에서는 이익을 내기 힘듭니다. 성장을 한다는 것은 투자를 많이 하는 것이고 자산이 늘어난 만큼 비용 또한 늘어서 이익이 잘 나지 않는 것이죠. 이익을 늘리려면 비용을 줄여야 하고 비용을 줄이려면 자산을 줄여야 합니다. 그런데 딜레마는 자산을 늘리면서 비용을 줄이고 싶은 것입니다. 그렇다면 어떻게 해야 할까요?

자산 항목을 계속 분석해 자산의 수명이 긴 것으로 재배치하는 것이 최선일 것입니다. 자산 중에서도 수명이 긴 것은 비용으로 전환되는 속도가 느리기 때문입니다. 어떤 의미에서는 자산 항목만 제대로 봐도 회사가 돈 버는 방법을 알 수 있다고 할 수 있죠. 미래에 돈 벌 수 있는 자산을 많이 가지고 있는지 아니면 올해 돈벌이로 끝나는 자산만 있는지에 따라서 기업의 미래는 좌우될 것입니다.

보통 사람들은 [현재]의 수입만을 위해 일하지만 부자들은 [미래]의 수입을 위해 일한다.

호텔운영보다
나무 심는 일이
왜 중요할까?

아직까지 비빔밥팀은 자금조달에 대한 내용만 정리했지 다음 주제인 어떤 사업에 어떻게 투자할 것인지를 결정하지 못하고 있었다. 그럴 때 필요한 것이 현장경험일 것이다. 강인한은 팀원들과 이야기해 섬회계사와 스케줄을 맞추고 주말을 이용해 제주도를 다녀오기로 했다. 모처럼 휴식과 현장학습이 결합된 코스라서 모두들 들뜬 기분으로 출발했다. 다행히 교통편과 숙식은 여행업을 하는 방기준 이사가 책임을 맡았고 현장학습할 호텔은 섬회계사의 고객사를 방문하는 것으로 했다.

섬회계사는 호텔로 이동하는 중에 회사에 대한 개략적인 설명을 해주었다. 제주도에 있는 B호텔은 공항에서 거리가 멀고 대규모 펜션들의 등장으로 규모에 비해 손님들이 많지 않았다. 다른 대기업이 운영하는 호텔에 비해 인지도도 낮아서 객실점유율이 낮았다.

그런 상황이었으므로 포괄손익계산서를 보면 적자투성이 회사라 직원들은 항상 매출 걱정을 하고 있었다. 그런데도 회사는 계속해서 유지되었고 김두식 사장을 보면 그다지 걱정도 안 되는 듯 보였다. 김 사장은 출근하면 늘상 정원에서 태연하게 나무를 심곤 했다. 농사꾼 출신이라서 그런지 호텔 운영보다는 농사짓는 일이 더 재미있는 것 같았다.

강인한 일행이 호텔에 도착했을 때에도 사장님은 정원에서 나무 가꾸기에 열심이셨다.

미리 연락을 받았는지 호텔 사장은 강인한 일행을 정원으로 이끌었다. 참으로 아름답게 잘 가꿔진 정원이었다.

"사장님, 객실점유율이 많이 떨어졌던데요. 점유율을 올리기 위해서 뭔가 해야 하지 않을까요?"

"직원들이 그렇게 말하던가요?"

섬회계사는 직원들의 의견에 자신의 의견을 덧붙인 것이라고 했다.

"판촉팀을 만들어서 프로모션도 하고 광고도 하고 손님을 유치하기 위한 전략을 다해야 한다는 의견도 있었고요. 요금

92

이 너무 비싸다는 의견도 있었습니다. 유명 호텔도 비수기 때는 10만 원에 나오는데 사장님은 20만 원을 고집하고 있습니다. 10만 원 정도로 가격을 인하해야 객실점유율을 높일 수 있다고 판단됩니다."

직원들은 매출에 신경을 쓰면서 계속해서 보고하고 있었지만 김두식 사장은 별로 귀담아 듣지 않는 모양이었다. 그런 사정을 잘 알고 있는 섬회계사가 이야기를 꺼내자 사장은 조용히 말했다.

"섬회계사님, 우리 호텔의 객실은 400개 정도고 요금은 20만 원입니다. 경쟁사보다 가격이 비싸니까 객실점유율이 30퍼센트 정도밖에 안 되고 있죠. 그런데 직원들 말처럼 우리가 10만 원으로 가격을 인하하고 프로모션을 많이 한다고 하면 어떻게 될까요?"

"아무래도 점유율이 높아지고 매출도 상당히 늘어나지 않겠습니까?"

"맞아요. 그런데 문제는 마진입니다."

김두식 사장은 농사꾼 출신이고 회계도 공부해본 적이 없지만 생각만큼은 회계학적이었다.

"10만 원으로 가격을 내리고 프로모션을 정말 잘해서 400객실이 다 점유된다고 가정하면 매출이 4,000만 원은 되겠지요. 이것이 우리의 최대 매출입니다. 그러나 이 정도를 벌어서는 운영비와 감가상각비를 감당하기가 힘듭니다."

김두식 사장의 말은 맞았다. 그 호텔에는 1,000억 원 이상이 들어갔는데 실제 내용연수는 20년 정도밖에 되지 않았기 때문에 1년에 50억 원이 감가상각비로 떨어진다. 한 달이면 4억 원, 하루에 1,300만 원 이상의 감가상각비가 계속 발생하고 있었다. 거기다 인건비를 포함해 청소비, 공과금 등이 매일 3,000만 원 이상씩 추가로 발생하고 있었기 때문에 아무리 객실을 다 채운다 해도 적자가 날 수밖에 없는 비즈니스였다.

"다른 호텔들도 마찬가지인가요?"

관광서비스업을 하는 방 이사가 물었다.

"다른 대기업 호텔들의 재무제표를 보면 아실 겁니다. 상품 매출이나 식음료 매출이 아주 높은 것을 볼 수 있는데 이것은 객실 수입보다 면세상품이나 식음료에 중점을 두고 있다는 것이죠. 이런 쪽에서 매출이 많은 호텔만이 영업이익을 내고 있습니다."

세계적인 호텔 체인업체인 메리어트는 호텔사업을 성장시킬 때 비즈니스 본질을 잘 활용했다. 호텔사업은 호텔이라는 부동산에 투자하는 투자사업과 레스토랑이나 바, 연회장을 운영하는 호텔경영으로 이루어진다. 그중 부동산투자사업은 토지를 매입하고 호텔이라는 건물을 지어야 하기 때문에 많은 자금이 필요하다. 반면 호텔경영은 운전자금만 있으면 되기 때문에 비교적 소액 자금으로도 가능하다. 호텔 시설은 자본력이 있는 투자자가 소유토록 하고, 호텔경영권만 별도로 따내는 것이 가장 낫다고 생각한 것이다. 물론 호텔 시설을 이용할 때 임대료는 지불한다.

메리어트가 취한 전략이 바로 이것이었다. 즉 호텔 시설은 투자자가 소유토록 하고, 메리어트 사는 그것을 임대해 호텔경영에만 전념했다.

일반적으로 호텔업에서는 총매출액 중 객실매출이 30퍼센트 이하가 되어야 하는데 우리나라의 대부분 호텔들은 거꾸로 객실매출이 총매출의 70퍼센트 이상을 차지하고 있어서 적자구조를 면치 못하고 있었다. 그러나 B호텔은 면세상품을 팔 수도 없는 곳이고 식음료로 수입을 늘리기에는 지리적인 한계점이 있었다. 메리어트처럼 호텔경영을 해본 경험도 적다. 다만, 농사를 통해 땅의 가치만큼은 잘 알고 있었다.

"내가 나무를 심으면 우리 호텔의 조경이 좋아지고 그덕에 회사가치는 5억 원 정도가 올라갑니다. 나무 한 그루의 가치가 5억 원인 셈이죠."

그만큼 김두식 사장이 공을 들여서인지 B호텔의 조경은 정말 최고였다. 나무 한 그루 심는 데 필요한 인원은 김 사장 혼자였다. 나무는 원가도 거의 들지 않았다. 김두식 사장을 거들어서 도와줄 인부 두 명 정도가 필요한데 그 지역에는 일손이 비는 농사꾼들이 많이 있어서 일당 약간에 소주 한 잔 사주면 일꾼을 모으는 것은 일도 아니었다. 모두 비정규직이므로 노사문제도 없었고 복리후생비도 따로 들어가지 않았다.

사장님은 진지하게 듣고 있는 일행에게 물었다.

"여러분들이라면 나무를 심겠어요? 방을 팔겠어요?"

"나무를 심겠습니다."

누구보다 먼저 강인한이 힘차게 외쳤다.

B호텔은 얼마 전에 부동산을 재평가했는데 재평가차익이 굉장히 많이 나왔다. 아마 사장이 수년간 조경가치를 높이는 데 심혈을 기울인 결과일 것이다. 그리고 김두식 사장은 앞으로 몇 년 내에 호텔을 팔 계획을 가지고 있었다. 그렇게 부동산가치를 높여가면서 높아진 부동산가치를 담보로 대출을 일으키고 이 차입금으로 회사를 유지하고 있었다. 아직까지는 부동산가치 상승분이 운영비용과 이자비용을 상쇄하고 있었다.

그렇다고 해서 B호텔처럼 호텔업을 할 때 부동산가치에만 투자하라는 것은 아니다. 회사별로 차이가 있을 수 있고 핵심가치가 다를 수 있다. 그리고 그것은 시간이 흐르면서 바뀔 수도 있다. 다만, 돈 버는 방식은 단순히 포괄손익계산서로만 따

96

지는 것은 아니라는 것이다. 결국 회사의 가치는 재무상태표에 나오기 때문에 재무상태표의 가치를 높이는 방식을 생각하면 매출보다 더 중요한 것이 무엇인지 깨닫게 된다. 내가 소속되어 있는 회사의 수익을 창출하는 것이 무엇인지 자산 항목을 관심 있게 보아야 하는 이유이기도 하다.

보통 사람들은 손익계산서상의 ⬚매출⬚ 만 늘리지만 부자들은 미래의 수입을 가져오는 재무상태표의 ⬚자산⬚을 늘린다.

동네 슈퍼마켓은 어떻게
장사가 될까?

　강인한 일행은 호텔 현장학습을 마친 후 바닷바람 상쾌한 제
주 해안도로를 신나게 달리고 있었다. 해안가를 따라 최근에
지어진 펜션들이 즐비하게 늘어서 있었다.

　"요즘 제주 관광객이 많이 감소했는데 숙박업소가 엄청나게
생겨나 펜션들이 죽을 맛입니다."

　관광업을 하는 방 이사는 남의 일이 아닌 듯 불편한 목소리
로 말한다. 팀원들은 풍경에 빠져 있다가 서서히 현실로 돌아
오는 눈치다.

　"펜션들이 문을 닫고 경매로 나오고 있는 상황에서 꿋꿋이
영업을 하고 있는 펜션들이 간혹 있습니다. 물론 그곳에도 손

님이 없기는 마찬가지지만, 사장님들은 그것에 그다지 개의치 않고 있습니다. 혹시 왜 그런지 아세요?"

방 이사의 질문에 팀원들은 꿀먹은 벙어리가 되었다. 서로 눈만 멀뚱멀뚱 뜨고 눈치를 살피던 중 원은주 대리가 말했다.

"혹시 아까 B호텔의 사장님과 비슷한 경우 아닌가요?"

"맞습니다. 저도 한참 후에야 그 이유를 알 수 있었습니다. 부동산 중개업을 하시는 분을 알고 있는데 얼마 전 2층짜리 건물을 크게 짓고 1층에는 식당을, 2층에는 빌라를 운영한다고 들었습니다. 저는 그곳 개업식에 갔다가 그 분이 돈 버는 방법을 알 수 있었죠. 이미 그 분은 그쪽에 큰 길이 날 것이라는 정보를 갖고 있었기에 땅을 매입해 수년간 보유하고 있었던 거예요. 그리고 길이 나자마자 자기 돈으로 건물을 짓고 임대를 주었죠. 길이 뚫린 상황이라 건물들이 들어서면 땅값이 더 올라갈 것이라는 확신이 있었죠. 건물주는 식당 하나만 운영하고 있었는데 장사가 안 되더라도 별로 걱정도 하지 않았대요. 그리고 그 주변에 건물이 더 들어선다면 자신의 부동산가치는 엄청나게 올라갈 수 있다는 것도 알고 계셨다고 해요."

허허벌판에 나대지 상태로 갖고 있다면 땅값을 높게 쳐주지 않기 때문에 형식적으로 건물을 지어놓고 장사를 하고 있었던 것이다. 장사가 잘 되지는 않았지만, 차입금이 없기 때문에 밥만 먹을 수 있다면 운영하는 데는 그다지 어려움이 없었다. 또

사업목적으로 운영하는 땅인 만큼 세금도 투기용 부동산에 비해 아주 적었다.

방 이사의 말을 듣고 있던 박남규 사장도 자신의 주변 이야기를 들려주었다.

"그러고 보니 우리 동네에는 규모가 작은 슈퍼마켓이 있는데 마찬가지인 것 같다는 생각이 드네요. 5년 전까지만 해도 어느 정도 장사가 잘 되었는데 그 바로 앞에 대형 마트가 생기면서 손님들의 발길이 끊겼습니다. 전혀 장사가 될 것 같지 않더라고요. 그렇다고 그 슈퍼마켓이 차별성 있는 물건을 파는 것도 아니었고 그런 노력도 하지 않는 것 같았죠. 나는 지나다니면서 저 슈퍼마켓은 곧 망할 것이라고 생각했지만, 5년이 지난 지금까지도 유지되고 있습니다."

망하지 않는 슈퍼마켓이나 펜션들의 비결은 부동산가치를 보는 눈에 있었다. 장사를 하는 것은 표면상의 돈벌이였고, 실질적인 돈벌이는 재산가치를 높이는 데 있었다. 회계학적으로 포괄손익계산서는 전혀 무시하고 재무상태표의 자산에 치중한 것이었다. 물론 이러한 전략에는 차입금이 없어야 한다는 전제조건이 깔린다. 차입금이 많다면 이자비용 부담 때문에 부동산가치가 오를 때까지 버티지 못하고 무너져버리기 때문이다.

섬회계사가 회계사의 '돈 버는 눈'으로 정리해주었다.

"경영의 전체상을 말하기란 쉬운 일이 아닙니다. 그러나 그 중에서도 회계는 경영을 포괄적이고 일관되게 읽게 해주는 거울입니다. 특히 재무제표에서 자산은 회사가 무엇으로 돈을 벌고 있는가를 보여주는 가장 중요한 부분이거든요. 결국 자산을 제대로 볼 수 있다면 회사의 수익원을 파악하는 것은 그다지 어렵지 않습니다."

강인한은 섬회계사의 계속되는 설명을 들으면서 나름대로 필요한 사항을 정리했다. 자산은 좋고 비용은 나쁘다고만 생각해왔던 자신의 생각에도 변화가 있었다.

자산은 많으면 좋지만 반대로 이익을 창출하지 못하는 자산은 오히려 독이 될 수 있다. 자산은 시간이 가면서 비용으로 바뀌는 속성이 있는데 자산 중에서 비용으로 빨리 바뀌는 것은 이익을 줄여서 자산이익률(이익÷자산)을 감소시킨다. 따라서 이익을 늘리려면 자산이익률이 낮거나 비용으로 쉽게 바뀌는 자산을 없애주어야 한다. 매출채권이나 재고자산은 자산이익률도 낮으면서 비용으로 쉽게 바뀌기 때문에 최소로 하는 것이 중요하다.

또한 사용하지 않는 설비나 기계장치는 이익을 내지 않기 때문에 자산가치가 거의 없다. 폐기로 인해 손실이 발생하는 경우까지 있으므로 이익에 공헌하는 부분이 경미하다.

그래서 최근에는 무자산경영을 실천하고 자산에 대한 손실

리스크를 줄이는 방법을 연구하는 이들이 많은데 아웃소싱이나 사업제휴가 그런 방법들이다. 결론적으로 비빔밥팀은 자금을 적게 들이면서 할 수 있는 사업을 찾기로 했다.

보통 사람들은 한 번의 투자로 　한 개　의 수입만을 얻지만, 부자들은 한 번의 투자로 　여러 개　의 수입을 얻는다.

맥도날드는 왜
불편한 의자를 두었을까?

"오늘 모임은 패스트푸드에서 하는 게 어때요?"

"좋아요."

제주에 기업탐방을 다녀온 후 너무 많은 예산을 써버린 탓에 먹는 것에서라도 예산을 절감하자는 강인한의 제안에 원은주 대리는 적극 찬성했다.

"젊은 사람들이라 빨리 먹고 빨리 가는 것을 좋아하는구만."

나이가 가장 많은 박남규 사장이 너털웃음을 지으며 찬성했다. 사실 박 사장은 패스트푸드를 별로 좋아하지는 않았지만 젊은 친구들이 낸 의견이었고 섬회계사까지 좋다고 하는 마당에 흥을 깨고 싶지 않았다.

박 사장이 패스트푸드점에 가지 않는 이유는 패스트푸드가 몸에 좋지 않다는 사실이 절대적이다. 그 외에 다른 이유를 찾자면 가족끼리 편안한 식사를 하지 못한다는 것이었다. 의자는 불편한 데다가 주문을 하려면 줄을 서서 기다려야 하는 게 싫었다. 아이들과 함께 마지못해 가본 적은 있지만 20분 정도 만에 후딱 먹고 나오기가 대부분이라 음식을 먹으러 간다기보다는 아이들의 응석을 받아준다는 의미가 더 컸다고 할 수 있다.

아카데미 앞에서 가장 눈에 띄는 패스트푸드 매장을 향해 가는 도중이다. 박 사장은 양옆에서 걷고 있는 원 대리와 섬회계사를 번갈아 보며 자신이 평소에 생각했던 패스트푸드 비즈니스의 문제점을 말했다.

"패스트푸드점이 손님을 좀더 끌려면 고객서비스에 신경을 써야 한다고 생각합니다. 맥도날드에는 푹신한 의자가 왜 없는 걸까요? 기업은 고객 만족을 최우선으로 서비스하는 것이 당연한 일일텐데 맥도날드를 비롯한 패스트푸드점에서는 그런 배려가 잘 느껴지질 않아요. 가장 대표적인 게 딱딱한 의자라니까요."

"그러게요. 저는 거기까지는 생각해본 적이 없는데 말씀을 듣고 보니 정말 그렇네요…."

원 대리가 별 생각없이 말한다.

그 말을 듣던 섬회계사가 말했다.

"예전에 저도 그런 의문을 가졌었죠. 그런데 지금은 재무제표를 보면서 다른 생각을 할 수 있게 됐어요."

"재무제표요?"

방 이사와 함께 뒤에서 따라 걷던 강인한이 그게 웬 뜬금없는 소리냐는 듯이 외쳤다. 섬회계사는 워낙에 모든 것을 회계로 풀어내는 재주를 갖고 있긴 하지만 불편한 의자와 재무제표라니 너무 억지가 아닌가 싶었다.

"네, 맥도날드는 패스트푸드를 파는 곳입니다. 즉, 속도가 생명이라는 말이지요. 맥도날드는 빠른 시간에 많은 손님이 회전되는 것이 중요한데, 푹신하고 안락한 의자를 놔두면 어떻겠어요? 손님들이 오랫동안 앉아 있고 싶어하는 심리가 생기고 식사가 느긋해집니다. 반면에 딱딱하고 불편하고 좁은 의자를 놔두면 어떨까요? 빨리 먹고 여길 떠나야지 하는 생각이 들어 빠른 순환에 도움을 주겠죠? 혹시 손님이 오래 있을수록 매출이 늘어날 수 있다면 또 다른 문제겠지요. 그런데 우리가 패스트푸드점에 들러서 한 시간을 있는다고 해도 얼마나 먹겠습니까?"

"햄버거 한 개와 콜라 한 잔 정도?"

강인한이 말하자 원 대리가 끼어들었다.

"강인한 씨는 훨씬 더 드실 것 같은데요."

"원 대리님, 저 덩치만 컸지 양은 아주 적어요."

말이 옆으로 새려는 걸 섬회계사가 재빨리 되돌려놓는다.

"통상 햄버거 한 개와 음료수 한 잔 정도 먹게 된다고 치죠. 20분을 있는다고 해도 햄버거 한 개와 음료수 한 잔이고 한 시간을 있어도 그 정도라면 맥도날드 입장에서는 손님들이 20분 만에 먹고 나가는 것이 낫겠죠. 빠른 음악을 틀어놓고 주변을 산만하게 만드는 것도 빨리 사람을 돌려서 많이 팔기 위한 전략으로 볼 수 있습니다. 그래서 맥도날드 같은 패스트푸드점에서는 의자가 작고 딱딱하며, 소파형 의자가 있다 해도 푹신하지가 않은 겁니다."

한정된 식사 시간대에 많은 고객을 집중적으로 받아야 하는 맥도날드의 경우에는 고객의 회전율을 높여서 매출을 극대화하는 전략이 중요했던 것이다.

보통 사람들은 자신의 [규모]를 키우려고 하지만 부자들은 자신의 [효율성]을 키우려고 한다.

왜 식당은
손님을 내쫓을까?

맥도날드 이야기를 가만히 듣고 있던 방기준 이사가 얘기를 꺼냈다.

"제 사무실 근처에 작은 식당이 하나 있어요. 어느 날 점심을 먹으러 갔는데 저렴하고 음식 맛이 좋아서 손님들이 많았어요. 김치찌개와 된장찌개만 팔고 있어서 저녁에는 손님도 없었기 때문에 점심 장사만 하는 곳이라더군요. 가족끼리 운영하고 있는 것 같았는데 그렇게 해서 어떻게 먹고 사나 늘 궁금했었어요. 맥도날드 의자 얘기를 듣기 전에는 말입니다."

방 이사의 말에 섬회계사가 물었다.

"테이블은 몇 개나 있나요?"

"다섯 개던가? 메뉴도 별것 없어서 주문할 때 그냥 '김치 세 개요. 된장 네 개요.'라고만 하면 돼요."

"아주 작은 식당이네요."

"테이블이 다섯 개밖에 되지 않는다면 모두 채웠을 때 10만 원(2만 원×5개 테이블) 매출이 되네요. 마진은 6만 원 정도로 잡고. 가족회사니까 인건비는 별도로 지불하지 않을 테니 대략 60퍼센트의 마진을 보고 있을 것입니다."

방 이사가 손가락을 구부렸다 폈다 계산하는 시늉을 해가며 말을 이었다.

"네. 그리고 주변 회사들이 주 5일 근무를 하는 터라 식당도 토요일과 일요일에는 쉬기 때문에 한 달에 문을 여는 날이 20일 정도밖에 안 되거든요. 한 달 장사해봤자 매출 200만 원에 마진은 120만 원 정도밖에 안 되겠지요."

잠깐 말을 멈췄던 방 이사가 손으로 네모를 그려가며 이렇게 말했다.

"그런데 그 식당의 테이블마다 이런 표지가 있습니다."

'15분 안에 밥을 먹으면 10퍼센트 할인해줍니다.'

"만약 네 명이 함께 갔다고 가정하고 한 명당 5,000원씩만 계산해도 20,000원이네요. 10퍼센트 할인이면 2,000원을 깎아주는 셈이네요."

박남규 사장의 반응이다.

"만약 네 명이 가서 한 명만 15분 안에 먹었다면 그 한 명만 15퍼센트 깎아주는 건가요?"

강인한의 질문에 원은주 대리가 어이없다는 듯이 대꾸했다.

"어떻게 한 명만 이득을 보게 하겠어요. 중요한 것은 먹고 식당에서 나가는 것이겠지요. 그래야 다른 손님을 받을 수 있으니까. 그런데 10퍼센트 깎아준다고 해서 먼저 먹었다고 혼자 나갈 수는 없을 것 같고. 강인한 씨는 모르겠지만…. 혼자 나가실 건가요?"

"어, 나는 아닙니다…."

강인한이 손사래를 치며 놀란 듯 말한다.

섬회계사는 식당 사장이 재고자산 회전율에 대한 마인드가 아주 잘 되어 있다고 이야기했다. 식당에 밥을 먹으러 가면 30분은 머물게 되는데 밥 먹는 시간은 10분 내외이고 차를 마시면서 이야기하는 시간이 대부분이다.

"맥도날드랑 비슷한 전략이네요. 식당 입장에서 보면 점심시간은 피크타임이기 때문에 한정된 시간에 얼마나 많은 손님을 받느냐에 따라 이익이 결정되겠죠."

방 이사는 섬회계사가 이야기한 회전율 개념으로 월 매출을 다시 예측해보았다.

"1회전일 때 월 마진이 120만 원이었죠? 30분 정도 식사를 한다고 가정하고 점심시간 한 시간에 두 번 회전을 시킨다면 240만 원으로 올라갑니다. 사장님은 네 번의 회전을 목표로 하고 있었네요. 15분 안에 밥을 먹으면 점심시간 한 시간에 네 번 회전이 가능하고, 한 달에 480만 원의 마진을 얻을 수 있었군요."

강인한이 입을 쩍 벌리며 감탄했다.

"하루에 한 시간만 일하고 (준비하고 설거지하는 시간까지 하더라도 두 시간 남짓) 한 달에 480만 원을 버는 것은 상당한 마진이었다. 물론 그 식당은 점심시간을 12시에서 2시까지로 잡고 있어서 최대 8회전까지 시킬 수 있었으므로 마진은 더 많았다.

박 사장은 맥도날드와 식당의 경우를 보면서 자신이 과거에 운영했던 대리점의 이야기를 해주었다.

"제가 예전에 전자제품 대리점을 운영할 때의 일인데요."

"농수산물 유통도 하시고, 대리점도 해보셨다고요? 사장님은 안 해보신 것이 없는 것 같아요?"

"딱 두 개만 해봤어요."

평소에 말수가 적은 편인 박 사장의 농담에 분위기가 더 환해졌다.

"소매업을 오래 하면 들어오는 손님들을 보는 순간 구입할 의사가 있는 사람인지 단순히 아이쇼핑을 하러 온 사람인지 파악할 수 있거든요. 만약 구입할 의사가 있는 사람이면 따뜻한 커피를 큰 컵에 드려서 최대한 오랫동안 남아 있게 만들고 아이쇼핑을 하러 온 사람에게는 작은 컵에 차가운 음료수를 주어서 빨리 나가도록 하는 전략을 쓰곤 했어요."

박 사장의 말을 듣고 있던 섬회계사도 반가운 표정으로 말을 받았다.

"그러고 보니 저도 박 사장님과 비슷한 경험이 있습니다. 회계컨설팅을 하다 보면 회계사와 꼭 상담을 하고 싶다는 사람들이 있습니다. 그런데 일회성 고객이면서 회계사한테 많은 시간의 서비스를 받으려는 사람들이 있죠. 한번 자리에 앉으면 한 시간이고 두 시간이고 일어나지도 않고 말이죠. 저도 해야 할 일이 있는데 무조건 방에 들어와서 죽치고 앉아 있으면 나가라고도 못하고 속을 끓는 경우가 종종 있었어요. 그래서 저는 회의실에 '30분당 상담료 25만 원'이라는 스티커를 붙여놓았습니다. 물론 일이 착수되기 전에 돈을 받지는 않지만 이 문구를 본 고객들은 30분 안에 일어나려고 애를 씁니다. 쓸데없는 이야기는 모두 빼고 핵심만 물어보게 되죠. 이렇게 해서 상담이 짧게 이루어지도록 만들었어요. 또 어떤 경우는 고객이 들어오면 앉아서 응대하지 않고 일어서서 상담을 진행했어요. 그러면 고객은 오래 있지 않고 빨리 내 방을 나갑니다."

섬회계사가 원한 것은 상담수수료가 아니라 자신의 시간을 절약하기 위한 것이었다. 시간을 절약하는 것이 돈을 버는 것이기 때문이다.

"반대로 손님이 오래 앉아 있어야 돈이 되는 사업도 있지 않나요? 예를 들어 서점의 경우 책이 무슨 내용인지 알아야 구입할 가능성도 많아지는 것 같아요."

방 이사는 책을 좋아하는 분답게 서점을 예로 들었다.

"네, 맞습니다. 그래서 많은 서점들이 조용한 음악을 틀어주고 편안한 자리를 만들어서 책을 읽을 수 있도록 해줍니다. 도쿄에 있는 도큐헨즈라는 문구점에는 상상을 초월하는 물건들이 많아서 처음에 구매하려고 했던 물건 외에 다른 물건들까지 구입하게 된다고 합니다. 사람들이 오랫동안 앉아 있도록 규모를 크게 하고, 많은 물건들을 비치함으로써 고객의 욕구를 충족시켜주는 것이죠. 동네 문구점에도 온갖 물건을 다 가져다놓는데 그게 바로 아이들을 유혹하기 위해서죠. 아이들은 어떤 물건들이 있는지 구경하고 싶어서 꼭 사야 할 문구가 있는 것도 아니면서 하루에 한 번씩은 들르곤 하죠. 자연히 물건을 사게 되는 경우가 많고요. 서점이나 문구점은 고객이 오래 앉아 있을수록 재고자산 회전율이 높은 업종들입니다.

"대형 마트에서는 음악을 이용해 회전율을 높이곤 합니다. 손님이 적은 오전이나 낮시간에는 되도록이면 손님들이 마트에 오래 머물도록 하는 것이 판매량을 늘릴 수 있기 때문에 클래식 같은 느린 음악을 틀어줘요. 그러면 손님들의 동작이 느려지고 여유 있게 쇼핑을 하면서 마트에 머무는 시간이 길어지겠죠. 그러나 퇴근 무렵이나 손님이 많은 시간에는 머무는 시간이 길어질수록 손해입니다. 손님이 너무 많으면 쇼핑하는 고객들이 오히려 북적대는 곳을 피하려고 하기 때문에 빨리 쇼핑을 끝내고 가주는 것이 도움이 되거든요. 그래서 경쾌하고 빠른 음악으로 바꿔서 쇼핑 속도를 높이는 거죠."

강인한은 오늘 패스트푸드를 먹으면서 아주 중요한 교훈을 한 가지 얻었다. 모든 비즈니스는 회전율을 높이는 것이 핵심이었다. 제조업이나 도소매업은 재고자산 회전율을 높여야 한다. 음식점이나 패스트푸드, 서비스 업종은 고객의 회전율을 높여야 한다. 어떤 업종이든 회전율을 높이는 것이 핵심이며, 어떤 회전율이 중요한가의 차이만 있었다.

보통 사람들은 고객의 숫자 에 집중하지만 부자들은 고객의 소비금액 에 집중한다.

작은 서점이
장사가 잘 되는 이유는?

"그런데 우리 비빔밥팀이 이번 달에 리뷰할 경영서 아직 안 샀죠?"

책을 좋아하는 방 이사가 강인한을 보며 아카데미에서 사용할 책에 대해 물었다. 강인한은 전혀 생각지도 못하고 있었다.

"네, 죄송해요. 잊어먹고 있었어요. 그러고 보니 책부터 사야겠네요."

"아직 시간이 있으니까 문제될 것은 없어요. 잘 되었네요. 바로 옆에 내가 잘 가는 서점이 있는데 거기서 사도록 합시다."

섬회계사와 팀원들은 테이블을 정리하고 나왔다.

"우리가 맥도날드 직원처럼 청소도 해주네요."

"이것도 비용을 절감하려는 회사의 전략 중 하나지요. 그런데도 누구 하나 불편하다고 생각하는 사람이 없잖아요."

서점은 맥도날드에서 몇 분 안 되는 거리에 있었다. 그런데 생각보다 아주 작은 서점이었다.

"이렇게 소규모로 장사를 하고도 남는 게 있어요?"

툭 지나가는 말로 강인한이 서점 주인에게 물었다. 서점 주인은 방긋 웃으면서 말한다.

"그냥 먹고 사는 정도예요. 제가 워낙 책 읽는 것을 좋아하거든요."

"책을 좋아해서 서점을 하신다니, 술 좋아서 술장사를 한다고 하신 사장님 생각이 나네요."

강인한의 대꾸에 서점의 여사장은 소리를 죽여가며 웃었다.

"찾으시는 책 있으세요?"

강인한과 서점 주인이 이야기를 나누는 사이에 방 이사가 팀에서 발표할 책을 골라서 나왔다.

"서가가 작아서 여러 종류의 책을 보유하고 있지는 않은 것 같네요."

"네. 사실 열 평이 좀 안 돼요. 그래도 자주 찾으시는 경제경영서는 대부분 있답니다."

서점 주인의 말을 듣고 있던 섬회계사가 묻듯이 말한다.

"이 빌딩에 경제연구소가 하나 있는데 그 회사 사람들이 많이 오나 보네요."

"네. 그것도 무시하지는 못하죠. 공간이 작아서 사실 나가는 비용이 거의 없거든요. 제가 직접 하니까 마음껏 책도 읽고 직장인보다 소득도 나으니까 괜찮은 장사 같아요."

서점 주인은 장사를 아주 잘하고 있었는데 그 비밀은 회전율에 있었다.

서점 주인이 책 정리를 하는 동안 방 이사는 목소리를 낮추어서 말했다.

"이 서점은 항상 베스트셀러를 주시하면서 5,000권의 베스트셀러 위주로 배치하고 있죠."

강인한은 방 이사의 말을 어느 정도 이해할 수 있었다. 이 서점은 베스트셀러 5,000권에서 매출의 대부분이 커버되었다. 나머지 책들은 구색을 맞추거나 5퍼센트의 고객에게 필요한 것이므로 재고로 보유하기에는 오히려 득보다 실이 크다는 것이었다. 면적을 줄이고 베스트셀러 5,000권을 배열하는 데 시간과 공간을 쏟아도 대부분의 고객은 흡수할 수 있다는 것이 사장의 지론이었다.

"만약 베스트셀러가 아닌 다른 책을 찾는 독자가 오면요?"

"나머지 5퍼센트의 고객을 위해서는 나중에 책을 주문해서 가져다 준다거나 아니면 근처에 있는 큰 서점과 연계해서 소개

116

해주는 방식을 택하고 있어요. 그 고객이 여기서 구매를 하지 않더라도 매출에 큰 타격은 없거든요. 또 95퍼센트의 주요 고객 중에서 혹시나 이곳에 없는 책을 찾더라도 재고가 없다고 대답하면 그러려니 하세요. 그런 이유 때문에 다른 서점으로 발길을 돌린다거나 하지는 않죠. 오시는 손님들도 우리 서점의 특성을 잘 알고 있으니까요."

비즈니스에서는 모든 것을 다 잘할 수는 없다. 또 고객이 원하는 것을 다 줄 수도 없다. 고객이 원하는 것을 다 해주다 보면 비용만 늘어나는 경우가 많다. 오히려 고객이 우리 회사를 선택한 핵심에만 집중하고 나머지는 내버려둔다면 나머지에 대해서 아쉬워할 수는 있어도 거래처를 바꾸는 일은 거의 없다.

보통 사람들은 모든 고객을 만족시키려고 하지만 부자들은 핵심 고객을 만족시키려고 한다.

은행의 빠른 창구가
왜 가장 늦을까?

서점을 찬찬히 둘러보던 강인한은 섬회계사에게 물었다.

"너무 단순한 질문 같은데요, 이 서점과 같은 현상이 비즈니스에서도 많이 일어나나요?"

"고객 그룹을 분류하자면 시간을 적게 투입해도 되는 그룹이 있고 시간이 많이 걸리는 그룹도 있죠. 그런데 이런 분류를 하지 않고 함께 취급하는 우를 범하는 경우가 비즈니스에서도 비일비재합니다. 수익성 적은 고객에게 시간을 다 쏟아버리고 오히려 우량 고객에게는 시간을 투자하지 못하는 경우가 많아요."

그러면서 섬회계사는 자신의 사례를 설명했다.

"세무신고가 가까워지면 기존의 중요고객 외에 일회성 고객들도 회계컨설팅을 받으려고 많이 찾아옵니다. 세무신고 직전에는 할 일도 많은데 일회성 고객들까지 몰리게 되면 사무실은 아수라장이 되기 십상이죠. 저희 회사에서는 직원들이 먼저 온 사람부터 상담을 하고 세무신고를 하고 있었어요. 거기에는 일회성 고객들도 있고 기존에 거래를 계속해온 중요고객들도 섞여 있었어요. 먼저 온 순서대로 하려고 보니 중요고객들까지도 한 시간 또는 그 이상을 기다려야 하는 처지가 됐죠.

그걸 보고 저는 민원창구를 만들어 경력이 낮은 직원이 일회성 고객을 담당하도록 했어요. 중요고객에게는 경력이 높은 직원을 별도의 창구로 배치해 불만을 낮출 수 있었습니다.”

원은주 대리가 말했다.

“은행에서 빠른 창구와 OK창구 VIP창구를 구분하는 것도 고객을 구분해 대응하기 위한 것이 목적이죠. 고객을 차별대우한다는 느낌을 주는 단점도 있지만 수익사업을 해야 하는 은행 입장에서는 그렇게 할 수밖에 없어요. 간단한 용무를 보는 사람은 빠른 창구로, 그리고 많은 돈을 은행에 맡기기 위해 긴 상담이 필요한 경우는 OK나 VIP창구로 오도록 만들어요. 그런데 은행에 오는 사람들은 대부분 간단한 입금이나 출금, 과금 업무를 하기 때문에 빠른 창구를 이용하는 사람이 훨씬 많아요. 그래서 결국 빠른 창구가 빠르지 않게 되는 거죠.”

“사람들이 자신의 경험에 대해서만 이야기해도 많은 사례가

나오네요."

강인한이 무척 재미있다는 듯 섬회계사에게 말했다.

"맞아요. 사례는 많아도 그 원리는 하나죠. 회계에서 말하는 회전율입니다."

그날 저녁 카페에는 맥도날드의 재무제표와 재고자산 회전율이 올라와 있었다.

맥도날드

(단위: 백만 달러)

재고자산	106	부채	16,191.0
영업권	2,425	......	......
유형자산	21,531		
......	......	자본	14,033.9
자산총계	30,225	부채자본총계	30,225.9
매출원가	13,953	매출액	22,745

2009. 12. 31

맥도날드는 햄버거를 파는 회사인데도 총 자산 302.2억 달러 중에서 햄버거 재고자산은 1.06억 달러밖에 되지 않는다. 오히려 부동산인 유형자산이 215억 달러에 달하고 영업권이 24억 달러로 부동산과 영업권 두 가지로 비즈니스를 한다는 것을 알 수 있다. 연간 매출원가는 139.5억 달러로 하루에 3,800만 달러(139.5달러÷365일)어치가 판매되며 재고자산 1.06억 달러는 2.8일(1.06억 달러÷3,800만 달러) 동안 판매할 재고자산임을 보여준다. 즉 맥도날드는 재고자산을 겨우 2.8일 판매할 분량만 보유하고 있다는 것이다. 재고자산 회전율에 얼마나 신경을 쓰는지 재고자산과 매출원가 지표만으로도 증명된다.

부자들이 왜
중고차를 살까?

강인한은 차가 없는 것이 어지간히 불편하다는 생각이 들었다. 직장에 다닐 때는 못 느꼈는데 아카데미에 나오면서 현장학습을 가거나 리서치할 경우가 생기면 대중교통으로는 불편했다. 돈을 벌 때는 대중교통을 이용해도 불만이 없었는데 백수 생활에는 차가 꼭 필요하다니 왠지 반대로 가고 있다는 생각도 들었다.

오늘 비빔밥팀은 과제와는 상관없이 강인한의 차 문제로 빠지고 있었다.

"강인한 씨, 어떤 차 사실 건데요? 결정한 것 있으세요?"

원은주 대리가 보기 드물게 싹싹한 목소리로 묻는다.

"아직 결정한 것은 없는데요. 어떤 것이 좋을까요?"

"이번에 나온 안단테 정말 멋지지 않아요? 빨간색으로 뽑으면 좋을 것 같던데요."

"아니, 원 대리님이 갖고 싶은 차를 추천하면 어떡해요? 혹시 내가 차 사면 매일 태워달라는 말은 아니겠죠?"

"그럼 안 태워주실 거예요?"

"그래도 그렇지. 결혼도 안 한 남녀가 빨간색 차에 함께 타고 기업탐방이랍시고 다니면 남들이 어떻게 보겠습니까?"

"그게 무슨 상관이에요. 남들은 아무렇지도 않은데 강인한 씨만 이상한 쪽으로 생각하는 거 아니에요?"

강인한과 원 대리는 만나자마자 티격태격이다.

이때 섬회계사가 끼어들었다.

"가난한 사람들은 1,000만 원 단위의 돈이 생기면 가장 먼저 뭘 하는지 아세요?"

섬회계사 물음에 원 대리가 강인한을 보면서 말한다.

"강인한 씨 묻잖아요?"

"네? 뭐라고 하셨어요?"

강인한은 브로셔에 정신이 팔려서 섬회계사 말을 제대로 듣지 못했다.

"지금 1,000만 원 있으면 뭐하실 거냐고 물으시잖아요."

"당연히 차 사죠. 지금 500만 원밖에 없긴 하지만 1,000만 원이면 중형차 한 대 뽑을 수 있잖아요."

"1,000만 원 가지고 어떻게 중형차를 사?"

보고만 있던 박남규 사장이 툭 던지듯이 말한다.

"할부 끼면 되지 않을까요? 지난번 배웠듯이 적정 부채비율이란 게 있잖아요. 내 돈 1,000만 원에 빚 1,000만 원으로 2,000만 원짜리 차를 사면 되죠. 부채비율 100퍼센트면 아주 안정적이라는 말씀, 바로 섬회계사님께서 가르쳐주셨잖아요."

"저 그런 말 한 적 없는데요."

믿었던 섬회계사까지 부정하자 강인한은 당황했다.

"아니. 회계사님께서 적정 부채비율을 강조하셨잖아요. 대기업들도 보니까 부채비율이 100퍼센트는 되던데요. 저도 그 정도는 유지하려고 하는데 뭐가 잘못된 것인가요?"

"적정부채란 것은 어디에 사용했는가에 따라 달라지는 것입니다. 그런데 차는 어느 정도가 지나면 중고시장에 팔고 다시 새 차를 구입하는데, 이 사용 기간 동안 전혀 수익이 없다는 것이 문제죠. 그러니 적정부채 개념이 적용될 것 같지는 않네요."

섬회계사 말에 원 대리가 놀리는 듯이 말한다.

"것 봐요. 배운 것을 아무 데나 붙이는 게 아니라니까요."

섬회계사가 웃으면서 말을 이어간다.

"미국의 자수성가한 부자들의 특징을 보면 이들은 절대 새 차를 사지 않는다고 합니다. 돈이 많은 사람들은 유행에 민감하고 흥청망청 소비할 거라는 게 일반인들의 편견이죠. 하지만 실제로는 정반대라고 해요. 부자들은 감가상각비 개념을 아주 잘 알고 있기 때문입니다."

"감가상각비요?"

엔지니어 출신인 강인한도 가장 많이 들어본 회계용어였다.

"네. 이들은 대개 2년 정도 시간을 두고 기다려 30퍼센트 정도 감가상각비가 떨어져 나간 뒤에 떨어진 가격을 즐기면서 차를 구입한다는 것입니다. 가장 감가상각이 많은 시점이 차를 구입하는 시점인 것이죠. 새 차를 출고하면 곧바로 중고차가 되잖아요? 출고되자마자 한 번도 타지 않아도 중고차로 불리는데 그걸 곧장 중고차 시장에 팔아보세요. 3,000만 원 정도 하는 차 기준으로 이미 600만 원 이상 감가상각이 되어버립니다."

"아. 그래서 어떤 사람들은 새 차를 사지 않고 출고된 지 한 달이 채 안 된 차를 사는 거군요. 거의 새 차에 가까우면서도 가격은 무척 싸더라고요."

강인한의 말에 원 대리가 맞장구를 치며 말한다.

"그런 사람이 현명한 사람이죠. 강인한 씨와는 과가 다르네요."

"가난한 사람들은 돈을 모으면서 엄청난 고통을 겪고, 그 돈을 쓰면서 재미를 느낍니다. 보통 사람들은 맛있는 음식을 사먹어야 재미있고 해외로 여행을 가야 재미있고 차를 사야 재미있고 집을 사야 재미있죠. 그러나 부자들은 돈을 모으면서 재미를 느낍니다. 돈을 쓰는 것에 재미를 느끼지 않는 통제력이 부자를 만든 일등공신인 셈입니다. 그러나 돈 쓰는 재미는 내용연수가 얼마 안 됩니다. 새 차를 사면 재미가 얼마나 갈까요?"

"아직 차를 사지 않아서 모르겠는데요."

"군대 제대하면 세상을 다 얻을 것처럼 생각하지만 진짜 제대하면 일주일 만에 지루해지잖아요. 차도 아마 한 달이 채 안 갈 걸요. 그런데 그 돈으로 투자를 해 돈을 불려가면 돈이 없어지지 않는 한 재미는 평생 갈 수 있습니다. 결국 자산을 늘리고 비용을 줄이는 방법 중 가장 중요한 것은 자산의 내용연수를 늘리는 것입니다."

보통 사람들은 돈을 [쓰면서] 재미를 느끼지만 부자들은 돈을 [모으면서] 재미를 느낀다.

개인병원 의사가
부자가 못 되는 이유는?

강인한은 감가상각 개념을 새롭게 듣게 되었다. 단지 가치가 감소하는 것으로만 생각했는데 그 이상의 뜻이 있음을 알았다.

"섬회계사님, 감가상각 개념이 기업실무에 어떻게 활용될까요? 혹시 직접 경험한 것이 있으시면 알려주세요."

"좋은 질문이네요."

섬회계사는 강인한을 보며 씩 웃더니 다시 신중모드로 돌아가 말을 이었다.

"투자를 할 때 어디에 할 것인가를 결정하는 것만큼 중요한 것이 투자한 자산이 없어지는 감가상각 개념입니다. 사업 초기에 창립 멤버 중 한 사람이었던 직원 하나가 나한테 조용히 요청하더군요. '이번 연도에는 이익이 많이 났으니 상여금을 많이 주시면 어떻겠습니까?'라고요. 그 직원은 일을 아주 잘했지만, 그만큼 자신의 주장을 강하게 내세우는 스타일이기도 했어요.

사업 초기여서 첫 해에 많은 투자가 이루어진 나로서는 두 번째 연도까지 투자금이 회수되지 않고 있다는 사실을 생각하고 있었죠. 자금흐름으로 보면 첫 연도에는 투자하느라 현금이 많이 나갔지만 두 번째 연도에는 이미 첫 연도에 투자한 것으로 수익을 올리고 있으니 2차 연도만 본다면 현금을 벌어들인 것처럼 보입니다. 그 직원이 이처럼 착각한 것은 우리 관리회계 장부를 현금기준으로 작성하고 있었기 때문이었죠. 그런데 그 직원을 더욱 오해하게 만든 것은 지출 쪽이었어요. 지출도 당연히 현금이 나간 금액 기준으로 해놓았더니 총 현금수입에서 현금지출을 빼는 것이어서 현금이 많이 늘었다는 것입니다. 그래서 초기 투자비용이 시간이 가면서 비용으로 전환되는 감가상각비를 전혀 고려하지 않고 그저 돈이 늘었다는 것만 보게 된 것이죠."

"이미 초기에 투자비가 나갔기 때문에 감가상각비는 현금이 나가는 것은 아니죠?"

"맞아요. 현금으로 나가지는 않는 것입니다. 회계에서는 감가상각비를 비용으로 처리하고 있는데, 이것은 내용연수가 끝나면 유형자산은 모두 비용으로 전환된다는 것이고, 사업을 계속하기 위해서는 다시 유형자산에 재투자해야 한다는 의미입니다. 재투자해야 하는 금액은 미래에 반드시 나가야 할 돈이기 때문에 평소에 준비를 해두어야 하는데 아직 나간 돈이 없으므로 무시하는 경우가 많습니다."

"그래서 그 직원은 감가상각비를 생각하지 않고 회사가 이익이 많이 났다고 착각했던 것이군요."

"그래서 그 직원을 짜르셨군요."

강인한의 느닷없는 말에 한바탕 웃음이 멈추지 않았다.

"나간 것은 맞는데 그 사건 때문에는 아니었고요. 나중에 다른 지역으로 이사를 가면서 그만두었어요."

"아, 네. 그래서 어떻게 하셨어요?"

강인한은 농담을 던지면서 진지함을 동시에 나누었다.

"회사 이름으로 적금을 하나 들었죠. 투자비 중에서 감가상각비로 없어지는 금액만큼 적금을 들어 통장에서 빠져나가도록 했습니다. 그랬더니 그 직원은 현금이 줄어든 것을 보고 상여금에 대한 이야기를 하지 않더군요."

섬회계사의 말을 들으니 강인한도 회사 다닐 때가 생각났다. 강인한이 다니던 회사에서도 직원들이 비슷한 말을 했기 때문이다. 직원들은 대부분 이익이 많이 나면 성과급부터 달라고 한다. 아무리 지금까지 적자였다고 해도 그건 고려하지 않고 올해 수치만 생각하는 경향이 있다는 것을 강인한은 새삼 느꼈다.

"회사가 부자가 안 되는 이유 중의 하나는 감가상각비에 대한 재투자 개념이 없어서입니다. 의사 사례를 하나 더 들어보죠. 제가 아는 의사 C는 개인병원을 운영하는데 많이 버는 것 같은데도 돈이 모이지 않고 오히려 계속 빚에 허덕이고 있었어요. 어느 날 제게 병원의 재무진단을 의뢰해왔습니다. C는 말하더군요. 손님들은 의사들 실력보다 의료장비를 보고 오는 경우가 많다고요. 대학병원이나 종합병원 의사보다 더 의학지식이 뛰어나더라도 의료장비를 갖추지 못했다면 손님들을 큰 병원으로 보낼 수밖에 없다는 것입니다."

"개인병원이 종합병원의 의료장비를 따라가기는 힘들 텐데요?"

"네. 그래서 그 의사는 손님을 유치하기 위해 5억 원에 달하는 고가의 의료장비를 구입했대요. 그런데 그 장비는 내용연수가 5년밖에 안 된다고 하더군요. 계속 새로운 의료장비가 나오고 있어서 5년에 한 번씩은 재투자를 해주어야 한다는 것입니다."

억 단위가 되는 장비의 가격도 놀라웠지만 5년마다 바꿔줘야 한다면 정말 큰일이라는 생각에 모두 눈을 동그랗게 하고 듣고 있었다. 그런데 섬회계사는 말을 잠깐 멈추더니 엉뚱한 질문을 하나 던졌다.

"그런데, 의사가 어느 정도나 벌 것 같아요?"

"글쎄요. 많이 벌지 않나요?"

강인한도 원 대리도 그냥 많이라는 생각만 들 뿐 정확히 얼마라는 감이 잡히지 않아 아리송한 대답을 했다. 섬회계사도 아리송하긴 마찬가지라는 표정으로 말을 잇는다.

"사실 저도 잘 몰라요. 워낙 천차만별이라서 얼마라고 말한다는 것 자체가 어렵겠죠? 그 의사는 매월 2,000만 원 정도의 현금을 벌고 있었어요."

"2,000만 원이요? 거의 이전 제 연봉에 육박하는 돈을 한 달 만에 버는 셈이네요."

강인한은 입가에 침이라도 흘릴 듯한 얼굴로 부러움을 감추지 않고 있었다. 한 달에 2,000만 원이라는 돈이 생기면 뭘 할까 하는 쪽으로 머릿속도 바쁘다.

"그런데 그 의사는 2,000만 원 대부분을 생활비 등으로 지출하고 있었습니다. 여윳돈이 전혀 없는 거죠."

"그렇게나 많이 쓴다고요?"

놀라서 소리를 지른 것은 역시나 원 대리다.

"돈은 아무리 벌어도 쓰기로 마음먹으면 한 달에 몇천만 원이 아니라 몇억 원도 쓰거든요. 그런데 그게 중요한 게 아니고요."

"아, 원 대리님 때문에 이야기가 삼천포로 가잖아요."

간만에 기선을 제압한 강인한의 표정이 볼만하다. 원 대리는 얼른 죄송하다며 고개를 숙였지만 여전히 놀란 눈치다.

"그렇게 시간이 흘렀어요. 5년 후에 새 의료장비를 구입하려

고 하니 5억 원의 돈이 있을 리가 없죠. 리스, 할부, 대출 등 모든 방법을 총동원해 일단 의료장비를 구입했고, 그 후로는 높은 이자를 갚아나가야 했어요. 고소득자라는 말을 듣는 의사이면서도 10년 이상 열심히 일을 해봐야 모이는 돈도 없고 계속 빚만 갚고 있는 상황이에요. 그렇게 된 가장 큰 이유는 재투자를 위한 현금흐름 관리에 실패했기 때문입니다. 의료장비가 5년에 한 번씩 재투자되어야 한다면 5년 동안 그 금액을 모아놓아야 하는데 그 준비를 전혀 하지 않았던 것이 문제였죠."

섬회계사의 말을 정리하니 이랬다.

결국 재투자를 위한 현금을 별도로 적립해두어 다른 용도로 쓰이는 것을 방지해야 한다. 따라서 그 의사의 경우 5년에 한 번씩 5억 원을 재투자해야 한다면 1년에 1억 원, 한 달에 800만 원 정도의 의료장비 재투자금액을 적립해두어야 했다. 다시 말해 매월 2,000만 원의 현금을 얻더라도 이 중에서 800만 원은 5년 후에 반드시 나가야 하는 돈이므로 나머지 1,200만 원만 가지고 생활을 해야 했다. 그렇게 5년이 지나면 만기된 통장의 5억 원을 인출해 새 의료장비를 구입할 수 있다.

"그래서 C의사는 어떻게 되었나요?"

"제 말을 듣더니 처음에는 1,200만 원으로 생활하기란 무리라고 하더군요. 그래도 그 방법밖에 없다고 강조하자 일단 800만

원짜리 적금부터 들었대요. 후에 만나서 들은 바로는 금액이 줄
어드니까 또 그 나름대로 적응이 되더라면서 고마워하더군요.
그래서 제가 말했어요. 그 통장이 만기가 돼 찾고 나면, 다시 같
은 금액, 같은 기간의 적금을 시작하는 걸 잊지 말라고요."

"재투자 금액은 어떻게 정해야 하나요?"

"재투자금액을 정하기 위해서는 기업에서 어디어디에 목돈
이 나가는지를 먼저 알아야 합니다. 1년 단위 이상으로 나가는
돈으로 건축물, 기계장치, 비품, 차량운반구 등이 있죠. 그런 다
음에는 내용연수, 즉 몇 년 단위로 재투자가 이뤄져야 하는지
를 추정해야죠. 그래서 그 기간에 맞게 액수를 분할하여 적금
을 들어두는 게 가장 현명한 방법입니다. 기간은 내용연수가
끝나는 시점, 그러니까 재투자 시점에 일치시켜야 다른 데 써
버리는 일이 없겠죠."

보통 사람들은 [현재]의 지출만 파악하지만
부자들은 [미래]의 지출까지 파악한다.

사람들은 왜
전문직을 선호할까?

관광서비스업에 종사하는 방기준 이사는 자신이 잘 알고 있는 공원이 떠올랐다.

"제가 아는 미로공원은 원가가 거의 들지 않는 회사입니다. 이 회사는 땅과 미로를 만들어놓은 수목, 그리고 건물이 유형 자산의 대부분입니다. 창업주는 대학교 교수였는데 퇴직금으로 이 땅을 받았습니다. 그리고 1980년대 초부터 미로를 만들기 위해 설계를 하고 나무를 심어놓았어요.

십수 년이 흘러 1990년대 말이 되어서야 미로공원은 완성이 되었고 또 다시 10년이 흘렀습니다. 그러니 투자금액 없이 30년을 왔던 것이죠."

"그 미로공원은 무엇에 투자한 것일까요?"

섬회계사의 질문에 누구도 선뜻 대답하지 못했다. 따지고 보면 돈은 전혀 투자하지 않은 것 같았다. 땅은 퇴직금으로 받은 것이고 나무는 어린 묘목을 심어놓았다가 시간이 흘러 자란 것이다. 건물은 미로공원을 운영하면서 번 이익으로 만들었을 것이다. 당연히 차입금은 전혀 없다.

"교수님은 시간에 투자한 것입니다. 미로공원을 열기까지 10여 년이 흘렀고 지금 단계까지는 30년이 흘렀습니다. 지금은 이익의 80퍼센트를 사회에 환원하고 있습니다."

그때 강인한의 뇌리에 매년 언론에서 발표하는 전문직들의 소득순위가 떠올랐다.

"회계사 같은 전문직은 무엇을 투자하나요?"

"저희도 시간을 투자합니다. 왜 사람들이 전문직을 선호할까요? 단순히 돈을 많이 벌어서일까요?"

"그렇기도 하지만, 꼭 그런 것만도 아닌 것 같아요."

대답을 해놓고도 원 대리는 자기 말이 너무 애매모호하게 들릴 거란 생각에 좀 쑥스러워졌다. 섬회계사는 전혀 개의치 않고 말을 받았다.

"맞아요. 회계사 생활을 하면서 느낀 건데 회계사나 변호사가 일반 직장인보다는 많이 벌겠지만 사업을 하는 사람들에 비하면 많이 버는 것 같지는 않습니다. 돈만 벌 생각이라면 사업을 하는 것이 훨씬 유리하지요. 그런데 전문직을 더 선호하는 이유는 무엇일까요?"

"아마 안전성 아닐까요?"

강인한이 말하자 섬회계사가 고개를 끄덕였다.

"강인한 씨의 말씀처럼 안정성이 있습니다. 그러나 여기에서 말하는 안전성이란 사업의 위험이 적다는 의미도 있지만 재투자 금액이 아주 적다는 것을 의미하기도도 합니다."

자동차나 조선업을 아무나 할 수 없고, 하더라도 위험이 높은 이유가 재투자 비용이 엄청나게 들어가기 때문이다. 그 정도까지는 아니라도 일반적인 도소매나 건설업도 재투자 비용이 들어간다. 만약 투자를 해놓았는데 수익이 적거나 없어서 투자금을 뽑을 수 없다면 부도가 날 수 있다.

그러나 전문직이라면 재투자 비용이 거의 들어가지 않는다. 겨우 해봐야 컴퓨터나 비품 정도만 재투자할 뿐 건물이나 기계장치를 재투자해주어야 하는 것은 아니다. 전문직의 재투자라면 아마 시간투자가 거의 대부분일 것이다. 전문지식을 쌓기위해서 계속적인 공부가 필요한데 이것 역시 시간투자와 같은 개념이다. 시간투자는 망할 염려가 없으니 안전하다.

지금까지의 이야기를 섬회계사가 다시 한 번 정리해주었다.

"그러고 보니 우리나라 교육제도와 핀란드 교육제도를 비교

한 내용이 생각나네요. 우리나라 교육은 핀란드 교육과 더불어 세계 최고 수준으로 꼽힙니다. 그러나 핀란드 교육은 다른 나라들이 벤치마킹 하고자 하는 시스템이지만 우리나라 교육은 그렇지 않죠. 우리나라 교육은 하루 종일 학원과 과외를 다녀야 하는 것이기 때문이죠. 기업이 이익을 아무리 내도 계속 돈을 쏟아 부어야 하는 시스템은 좋은 모델이 아닙니다. 적은 투자로 최대의 성과를 내는, 즉 효율성이 높아야 하는 것이지요.

우리가 안전한 사업을 하려면 무엇에 투자해야 하는지가 분명해집니다. 자본적 투자보다는 보이지 않는 투자, 돈보다는 시간에 투자하는 것이 훨씬 안전하다는 뜻입니다."

보통 사람들은 [돈]을 투자하지만
부자들은 [시간]을 투자한다.

손님 많은 헬스장이 왜
문을 닫을까?

투자에 대한 섬회계사의 말을 듣고 있으니 강인한도 그런 경우가 있었던 것 같다. 강인한이 다니는 헬스장이 얼마 전에 문을 닫고 병원으로 바뀌었던 것이다.

"혹시 옆 블록에 있는 헬스아카데미 아시죠?"

강인한의 물음에 원 대리가 반갑게 말한다.

"네. 저도 거기 한 달 다녔거든요."

"아니, 사장님을 잘 아느냐고요."

강인한이 원은주 대리의 빈틈을 찔러가며 되묻는다.

"아뇨…. 사장님은 전혀 모르는데요."

"얼마 전에 그곳이 문을 닫았어요."

"정말요? 그곳 손님이 아주 많던데요. 왜 닫았을까? 거기 사우나 시설이 아주 마음에 들었는데…."

원 대리가 아쉬운 듯이 말한다.

"맞아요. 제가 거기를 처음부터 다녔는데 그 헬스클럽은 사우나 시설에 신경을 많이 썼어요. 다른 헬스클럽에서는 샤워 시설만 간단하게 해놓은 경우가 많은데 목욕탕에 버금가는 사우나 시설을 해놓았더니 손님들 반응도 아주 좋았죠. 헬스클럽을 운영한 지 2년이 약간 넘었는데 처음에 임대가 잘 안 되어서 고생했던 건물주도 헬스클럽 덕분에 모두 임대됐다고 좋아했대요. 그런데 얼마 전 헬스클럽 사장님이 약간 걱정스런 눈빛으로 얘기하더라고요. 건물주가 계약 기간이 끝나면 나가라고 했다는 거예요."

강인한은 헬스클럽 주인이라도 된 듯이 흥분해서 말했다.

"계약 기간이 몇 년이었는데요?"

박 사장이 물었다.

"3년이요."

"이유가 뭐래요?"

"트집을 잡으려고 하니 이것저것 다 트집을 잡는다고 하네요. 헬스클럽에서 런닝머신을 타니까 건물이 붕괴위험이 있다고 하질 않나…. 그렇지만 이제 건물 임대가 잘 되니까 헬스클럽보다는 병원이나 약국 같은 것을 입주시키려고 했던 것 같아요."

아마 건물주도 시간이 지나면서 생각이 바뀐 것 같았다. 처음에는 건물 임대가 안 되니 헬스클럽을 들였는데 임대가 웬만큼 되니까 깔끔한 병원이나 약국으로 바꾸려 했던 것이다. 임대 기간도 3년밖에 되지 않기 때문에 재계약을 할 생각이 없어서 트집을 잡기 시작한 것이다.

헬스클럽 사장 역시 애당초 헬스클럽을 오랫동안 할 생각은 없었다. 헬스클럽을 잘 운영해 권리금을 받고 양도할 목적이었는데 이렇게 되고 보니 내년이면 투자한 돈을 거의 대부분 날리게 생겼다는 것이다. 그리고 계약 기간은 3년이지만, 사실 3년만 헬스클럽을 운영할 것이라는 생각은 전혀 하지 않고 있었고 건물주도 암묵적으로 그렇게 알고 있었을 터여서 문제가 없다고 생각했다.

강인한이 이런 생각을 하는 동안 섬회계사가 말했다.

"회계에서는 이런 시설장치를 임차기간 동안 상각해야 합니다. 즉 감가상각의 내용연수를 결정할 때 그 자산이 수익을 가져다주는 기간 동안 비용으로 전환시켜주는 것인데 이것도 감가상각의 하나인 셈이죠. 임차기간 만료 시 그 시설이 임대인에게 귀속되는 경우에 임차인이 부담한 임차자산의 자본적 지출에 해당하는 개·보수비를 임대차계약 기간에 걸쳐 상각해 비용으로 계상하는 것이 합리적이죠."

섬회계사의 말을 듣고 있으니 헬스클럽 사장이 감가상각 개념을 정확히 알았다면 계약을 할 당시에 임차기간을 장기로 해놓았을 것이라는 아쉬움이 남았다. 건물에 투자한 샤워시설 같은 것은 그 건물에서 사용할 때 가치가 있는 것이지, 영업장을 옮긴다고 해서 가지고 갈 수도 없는 것으로 임차기간 동안 감가상각을 할 것으로 생각하고 투자를 결정하는 것이 바람직했던 것이다.

"투자를 하기 전에 투자한 자산이 언제 어떻게 감가상각되는지를 먼저 생각하는 것이 의사결정에 중요한 셈이네요."

강인한에게도 언제든 닥칠 수 있는 일이고 좋은 경험이 되었다. 그날 저녁 카페에는 감가상각과 재투자와 관련된 항공사 재무제표 분석 내용이 올라와 있었다.

○○ 항공

(단위: 억 원)

유형자산	1,100	**부채**	1,072
……	……	**자본**	152
자산총계	1,224	**부채와자본총계**	1,224
매출원가	617	**매출**	545
판매비와관리비	140		

우리나라에서 가장 돈벌기 힘든 사업 중 하나가 항공사다. 워렌 버핏도 항공사나 자동차 같은 업종에는 투자를 잘 안 하는데 그 이유는 투자비가 너무 많이 들어간다는 것이다. 투자비가 많다는 것은 감가상각비도 많고 또 내용연수가 끝나면 재투자금액으로 이익의 대부분이 사용되어야 하기 때문에 회사에 돈이 모이기가 쉽지 않다. 승객이 늘어나는데도 사업을 접는 저가 항공사가 많은 이유도 투자비를 회수하는 데 시간이 많이 걸리고 겨우 회수할 시점이 오면 다시 항공기에 재투자해야 하는 악순환 구조 때문이다.

표는 저가 항공사인 ○○항공의 재무제표인데 자산 1,224억 원 중 대부분인 1,100억 원의 항공기 관련 유형자산을 가지고 사업을 했다. 항공기 관련 유형자산은 투자비도 엄청나지만 감가상각을 통해서도 매출원가를 높이는 원인이 된다. 전년도 매출 390억 원에서 40퍼센트의 매출 증가율을 보여 545억 원의 매출을 올렸지만 계속해서 적자를 벗어나지 못하고 있다. 투자비를 회수하는 손익분기점에 도달하려면 한참을 더 버텨야 한다는 것을 알 수 있다.

보통 사람들은 투자의 규모 를 중시하지만 부자들은 투자의 회수 시기 를 중시한다.

왜 광주에는
신세계가 없을까?

　강인한은 주말을 맞아 부모님이 계시는 광주에 내려왔다. 일부러 시간을 내서 가기는 힘들었는데 팀원들이 이왕이면 고향의 기업을 탐방해보자고 의견을 내서 기회를 만든 것이다. 아카데미 학생들 중 대부분이 고향이 전라도였다. 섭회계사 또한 고향이 전라도라서 기업탐방에 동참할 겸 함께했다.

　이번 달 주제가 유통업에 대한 것이었으므로 팀원 중 박남규 사장이 특히 많은 관심을 보였다. 방기준 이사만이 제주도 출장으로 동행하지 못했다. 승용차 한 대에 다 타자니 걱정이었는데 방 이사의 출장이 오히려 도움을 준 셈이었다.

　광주터미널을 들어서는데 광주신세계 백화점이 보였다. 다른 백화점이나 이마트는 모두 신세계로 되어 있는데 광주에 있는 신세계만큼은 별도 회사인 광주신세계로 되어 있었다. 전에 같으면 이런 것이 관심사항 자체가 안 되었지만 섬회계사를 만나면서 비즈니스 쪽에서 더욱 많은 호기심이 생기고 있었다.

"전부터 궁금했는데요, 광주신세계에는 왜 광주라는 이름이 붙어 있나요? 광주 사람들이 애향심이 강하기는 하지만, 그것 때문에 굳이 이름을 따로 만들었을 것 같지는 않은데요."

강인한 말에 원 대리가 딴지를 건다.

"전부터 궁금했다고요? 전에는 그런 말 한 번도 안 했잖아요."

"아, 네. 급수정합니다. 금방 떠오른 궁금증인데요. 이하 질문은 종전과 같습니다."

"광주신세계의 재무제표를 보면 알 수 있죠. 광주신세계는 신세계와는 완전히 다른 회사입니다. 다른 백화점이나 이마트는 신세계의 지점인데 광주신세계는 자회사입니다."

"지점과 자회사요?"

다 들어는 본 말인데 강인한은 그게 뭐가 다른지에 대해서는 명확한 개념이 안 섰다. 그렇다면 반대말은 본점과 모회사라는 건가?

"신세계가 어머니 회사이고(모회사) 광주신세계는 아들 회사(자회사)입니다. 신세계와 광주신세계는 자회사와 모회사 관계인 셈이지요. 그러나 다른 신세계백화점과 이마트는 신세계의 지점으로 되어 있습니다."

강인한은 여전히 헷갈리기만 했다.

"그렇게 복잡하게 만든 이유가 있나요?"

"글쎄요. 그 이유야 여러가지로 추론해볼 수 있는데 지역에서도 광주신세계를 유치하는 데 별도법인이라는 명분을 내세웠을 수 있고요. 이것이 신세계의 이해관계와 맞았을 가능성도 있습니다. 지점과 자회사는 회계적으로 완전히 다르거든요."

"어떻게 다르나요? 저에게는 비슷한 것 같은데요."

"본점이 뇌라면 지점은 사람의 손발이나 다름없는 것입니다. 붙어 있는 곳만 다를 뿐 모두 뇌의 조정을 받게 되죠. 뇌에서 밥을 먹고 싶다고 하면 손은 밥을 떠다가 입에 넣어주죠. 그렇다고 뇌와 손발이 따로 떨어질 수는 없는 거잖아요? 한몸이니까요. 신세계 본점과 지점은 한몸이면서 본점의 지시를 받을 수밖에 없어요. 그러나 모회사와 자회사는 어머니와 아들의 관계죠. 어머니가 아들에게 어느 정도 지시는 할 수 있지만, 완전히 별개의 실체죠. 아들은 말을 듣기도 하지만 그렇지 않을 수도 있거든요. 어머니가 아들에게 지시하려면 뭔가 대가가 있어야 하겠죠."

"한몸과 별개의 몸?"

생물시간에 배웠던 말 같기도 하고, 아무튼 어느 정도 어렴

풋이 이해가 가기는 했다.

"그런데 광주신세계를 자회사로 했을 때 좋은 점은 무엇인가요?"

"지점은 본점과 한몸이므로 본점에서 자금관리를 다 합니다. 그러나 자회사의 돈은 자회사에서 관리하므로 모회사가 가져가기가 아주 어렵습니다. 아들 돈을 어머니가 그냥 달라고 하면 어떤 아들도 쉽게 응하지 않을 것처럼요."

"어머니가 아들 돈을 받는데 그럼 뭐가 필요한가요?"

"명분이 있어야 한다는 말입니다. 생활비든, 주택구입이든 아무 명분도 없이 그냥 내놓으라고 하지는 않을 거예요. 그래서 모회사에게 돈을 주는 것은 배당이라는 것 등의 명분이 필요한데 배당에는 세금이 많기 때문에 자회사의 돈은 자회사 사업을 위해서 사용하게 되죠. 즉, 광주신세계가 벌어들인 돈은 광주지역을 위해서 사용될 가능성이 높지만, 다른 지역의 이마트 지점에서 벌어들인 돈은 서울로 올라간다는 것입니다."

강인한은 스마트폰을 이용해 신세계의 재무제표를 찾아보았다. 그리고 신세계의 투자자산 항목을 보니 10조 원의 자산이 있었고 투자자산 주석사항에는 신세계가 광주신세계의 주식을 취득했다는 내용이 나와 있었다. 한편 광주신세계의 재무제표 주석사항에도 신세계가 주주로 되어 있다는 것을 알 수 있었다.

신세계

(단위: 억 원)

투자자산	100,977	부채	62,418
......	......	자본	38,559
자산총계	100,977	부채와자본총계	100,977

(단위: 억 원)

투자회사	기초	기말
신세계마트	8,328	–
광주신세계	164	195
......	...	...

"신세계에서 투자한 신세계마트는 뭐죠?"

강인한은 신세계 주석에서 발견한 8,328억 원어치의 투자주식을 발견하고 섬회계사에게 물었다."

"아마, 종전 월마트 코리아를 인수한 것일 겁니다. 신세계마트는 종전 월마트코리아의 새로운 이름이거든요. 신세계는 2006년에 월마트코리아를 인수할 때 주식 인수 방식을 택했기 때문에 신세계의 투자주식에 내역이 나오는 것이지요. 한편 광주신세계는 별도회사로 되어 있고 신세계가 주식을 일부 갖고 있죠. 즉 신세계마트나 광주신세계가 갖고 있는 건물과 재산은 신세계 소유가 아니라 신세계마트와 광주신세계가 소유하고 있으며 이들의 재무제표에서 찾을 수 있습니다."

"재무제표를 보면 신세계가 보유하고 있던 신세계마트의 주식이 기말에는 제로(0)가 되었는데 이것은 무슨 뜻인가요?"

"경영효율성 증대를 위해서 2008년 10월에 합병을 했기 때문입니다. 결국 기존의 월마트코리아가 갖고 있던 모든 건물과 재산은 신세계의 재무제표에 합산되게 된 것입니다. 지금은 신세계마트도 신세계에 합병되어 한몸으로 바뀌었어요."

신세계를 보면서 강인한은 투자자산은 최고경영진의 투자 마인드에 대해 알 수 있는 좋은 회계지표 중 하나라는 것을 깨달았다. 우수한 회사가 별볼일 없는 회사에 투자하는 경우도 있고 평범한 회사가 뛰어난 회사에 투자해 엄청난 투자수익을 거두는 경우도 있다. 그래서 회사를 제대로 보려면 투자자산 항목을 제대로 봐야 한다는 것이 오늘 여행에서 안 사실이다.

보통 사람들은 │ 지점 │ 만 두지만
부자들은 훌륭한 │ 자회사 │ 를 둔다.

정유회사는 왜
주유소를
무상으로 지어줄까?

광주에서 두 번째 날을 시작하자마자 강인한은 삼촌이 운영하는 주유소로 향했다. 기름도 떨어지긴 했지만, 여기까지 와서 삼촌을 안 뵙고 갈 수는 없었다.

다행히 숙소에서 거리가 얼마 되지 않아 금방 도착했다.

"삼촌, 잘 지내셨죠?"

"야, 인한이 아니냐. 그래 언제 내려온 거야?"

"어제요. 일 때문에 왔어요."

검게 탄 얼굴에 뼈대가 굵은 강인한 삼촌은 오랜만에 보는 조카를 무척이나 반겼다. 둘의 인사가 길어지는 동안 나머지 일행들은 뒤에서 쭈뼛거리며 서 있었다. 삼촌의 억센 손에 붙

잡힌 손을 빼내면서 강인한은 머리를 콩 쥐어박는 시늉을 하며 말한다.

"아참, 내 정신좀 봐. 삼촌, 함께 온 사람들이에요."

예순을 넘긴 삼촌 눈에는 가장 먼저 원은주 대리 모습이 눈에 들어왔다.

"여자친구냐? 어쩐지 이놈이 여기 온다고 했을 때부터 뭔가 있다고 생각은 했는데…."

헤벌쭉하며 금세라도 조카의 여자친구 손을 덥석 잡을 기세인 삼촌의 말에 원 대리보다 강인한이 더욱 홍당무가 되어 손사래를 쳤다.

"아니에요, 삼촌. 같이 공부하러 온 아카데미 일행들이에요."

"아카데미? 무슨 아카데미? 극장 말이냐!"

"아니요. 극장 이름이 아니고 공부하는 모임이에요."

"장가 가서 자식봐야 할 나이에 공부는 무슨 공부!"

"삼촌은 또 그 소리…."

강인한은 자꾸 엇나가는 삼촌의 말을 무시하고 자동차에 다시 올라 주유하는 쪽으로 이동시켰다.

"어이구, 내가 손님들을 너무 기다리게 했구려. 이쪽으로 들어오시오."

삼촌은 강인한 일행을 주유소 사무실로 안내했다. 그리고 커피를 한 잔씩 할 무렵 강인한도 주유를 마치고 사무실 안으로 들어왔다.

"삼촌, 우리 오래 있지 못해요. 탐방할 기업들이 몇 군데 있는데 시간이 빠듯하네요."

강인한 삼촌은 강인한의 말을 듣고 표정 하나 변하지 않은 채 농담으로 맞받아쳤다.

"자리가 좁아서 오래 있을 곳도 없다. 커피 한 잔 마시고 가야지. 아니지, 너는 거기 서서 마셔라."

화기애애한 분위기 속에서 섬회계사가 물었다.

"사장님, 요즘 주유소는 어떠세요?"

"안 좋아요. 너무 많이 생겨서요. 예전에는 주유소 하나만 갖고 있으면 중소기업 사장보다 낫다고 그랬는데 요즘은 전혀 그렇지 않거든요."

"주유소 하나 하려면 자금이 만만치 않을 텐데 그렇게 많이 생기나요? 허가 내기도 힘들 것 같은데요."

박 사장이 동병상련이라는 얼굴로 물었다.

"사실 요즘은 땅만 있으면 운영할 수 있습니다. 정유사로부터 지원을 받으면 건물도 지어주고 기름도 공짜로 주죠."

강인한 삼촌은 목 좋은 곳에 물려받은 땅이 있어서 주유소가 돈 번다는 소리를 듣고 사업을 시작했다.

그러나 정유사의 지원을 받으면 주유소를 담보로 설정해야 하고, 정유사에서 정하는 기한 내에 정한 물량을 매입해줘야 했다. 기름값을 외상으로 매입해서 기한 내에 결제를 하지 못하면 주유소가 정유사에 넘어가게 되는 구조였다. 이것은 자본주의사회에서 아주 당연한 논리였다.

사실 정유회사 입장에서는 손해 볼 일이 없다. 주유소가 영업대리점 역할을 하고 있는 상황이었고, 땅이라는 담보물도 확실하게 잡고 있기 때문이다. 가격조정 권한도 정유사가 갖고 있기 때문에 유가가 올라도 큰 문제가 되지 않았다. 주유소에 내보내는 가격을 올리면 되기 때문이다. 하지만 개인 소비자를 상대로 하는 주유소는 가격을 올리면 판매량이 감소하기 때문에 이익이 줄어들 수밖에 없다. 주유소의 고정비는 나가는데 매출이 떨어지면 적자가 나는 것은 불가피했다.

정유회사에서 돈 버는 방법은 기름을 파는 것 외에 또 있었다. 목 좋은 땅이라는 재산이었다. 주유소는 대부분 사람들이 많이 다니는 곳에 있기 마련이라 땅값이 높은 편이다. 주유소 운영이 잘되면 기름을 많이 팔아서 좋고, 만약 주유소 운영이 잘 안 되더라도 문제가 없다. 정유회사도 타격을 입기는 하겠지만 담보로 잡아놓은 좋은 땅을 가져오면 되므로 손해 볼 일은 아니었다.

"맥도날드의 사업구조와 비슷하네요."

섬회계사 말에 강인한이 눈이 동그래지며 물었다.

"맥도날드요?"

"맥도날드 회장님은 대학생들에게 자신은 햄버거장사가 아니라 부동산장사를 한다고 말했거든요. 맥도날드는 햄버거를 만들지 않습니다. 맥도날드에서는 서비스, 맛, 매장 인테리어를 표준화시키기만 했고요. 직접 햄버거를 만들어서 판매하고, 그것으로 수입원을 삼는 사람은 프렌차이즈로 가입한 점주들이에요. 전국의, 아니 전 세계의 점주들이 맥도날드에 브랜드 사용에 대한 수수료를 지불하고 매장 임대료를 납부하는 것이죠."

섬회계사는 맥도날드에 대한 분석을 방금이라도 해온듯 쏟아내었다.

"맥도날드는 매장과 브랜드만 소유하고 그로써 이익을 올리는 것이죠. 맥도날드 햄버거가 잘 팔리든 안 팔리든 맥도날드의 수익과는 상관이 없습니다. 점포 임대료와 브랜드 수수료만 일정 부분 받아가면 되니까요. 장기적으로 장사가 안 되면 맥도날드가 손해를 볼 것 같지만, 정작 피해를 입는 사람들은 4~5억을 투자해서 점포를 연 점주들과 일자리를 잃은 아르바이트 직원들인 셈이죠. 맥도날드는 목 좋은 곳에 땅을 갖고 있었기 때문에 매장을 철수할 때 높은 가격에 팔아버리면 되거든요. 사업용 땅이기 때문에 투기용 땅에 비해 세금도 아주 저렴하고요."

맥도날드는 부동산임대로 수익을 올리는 부동산장사를 하고 있다는 뜻이다. 브랜드만 있다면 돈 버는 것은 어렵지 않다. 그런데 브랜드를 얻기 위해서 시간투자는 필수다. 그래서 사업은 100미터 달리기가 아니라 마라톤과 같은 것이다.

출장 중임에도 섬회계사는 카페에 글 올리는 것을 빼먹지 않았다.

투자자산만으로 세계 최고의 부자가 된 사람이 워렌 버핏이다. 워렌 버핏은 섬유회사였던 버크셔 해서웨이를 인수하고 그 운영자본으로 보험사를 인수했다. 그리고 보험사의 자산으로 다른 회사들을 쇼핑해왔다. 우리는 버크셔 해서웨이가 섬유회사였다고 해서 워렌 버핏을 섬유회사를 운영하는 사람이라고 말하지는 않는다. 버크셔 해서웨이의 사업에 대해 제대로 알려면 버크셔 해서웨이가 보유하고 있는 투자자산을 보면 된다.

버크셔 해세웨이

(단위: 백만 달러)

투자자산	34,646	부채	161,334
……	…	자본	135,785
자산총계	297,119	부채와자본총계	297,119
비용	104,052	수익	112,493

연례보고서를 통해 버크셔 해서웨이가 보유하고 있는 투자자산을 보면 다음과 같다.

워렌 버핏이 어떤 회사 주식에 투자하는지 알고 싶다면 다음 회사들을 유심히 읽어보라. 워렌 버핏은 7억 6,800백만 달러를 포스코에 투자하여 20억 9,200백만 달러로 재산을 불렸다.

(단위: 백만 달러)

투자회사	취득원가	시가
American Express	1,287	6,143
BYD Company	232	1,986
Coca-cola	1,299	11,400
Conoco Phillips	2,741	1,926
Jhonson&Jhonson	1,724	1,838
Kraft Food	4,330	3,541
POSCO	768	2,092
P&G	533	5,040
Sanofi-Aventis	2,027	1,979
Tesco	1,367	1,620
U.S.Bancorp.	2,371	1,725
Wal-Mart Store	1,893	2,087
Well-Fargo	7,394	9,021
Others	6,680	8,636
Total	34,646	59,034

2009. 12.31

Money Sense

섬회계사의 돈 버는 눈-2

* 트위터와 페이스북을 통해 저자와 독자들이 주고받은 이야기를 담았습니다.

왜 마케팅 지출이 비용인가요?

● **독자의 눈** 자동차 제조업체에 근무하는 마케팅 담당 임원입니다. 신임 사장님과 인사를 하는데 저한테 이렇게 말씀하시더군요.
"회사에서 돈을 가장 많이 쓰는 부서에 근무하는구만."
마케팅을 많이 해야 돈을 버니까 마케팅은 회사의 자산 아닌가요? 회계 자료를 보니 전부 비용으로 처리되어 있더군요. 해외시장 개척 때문에 많은 돈이 지출되었는데 이 또한 비용으로 기록되어 있습니다. 돈을 벌기 위해 지출한 마케팅 비용들이 모두 비용 처리되니 이익이 줄어드는 것 같지만, 사실 이것은 비용이 아닌 것 같은데요.

● **회계사의 눈** 마케팅을 하는 사람들은 마케팅을 해야 물건이 팔리므로 돈을 많이 쓸 수밖에 없다고 말합니다. 그런데 광고비 때문에 이익이 줄었다는 것을 알면서도 전혀 동의하지 않습니다. 그들은 물건을 팔아 돈을 벌어오기 위해 투자한 것이 왜 비용으로 처리되는지 모릅니다. 회계에서는 비용도 돈을 벌어오는 지출입니다. 다만 올해 돈을 벌어오고 끝난다면 비용이고, 브랜드가치 등을 올려서 내년 이후에도 돈을 벌어온다면 자산으로 처리하는 것입니다.

왜 스타벅스 의자는 편한가요?

● **독자의 눈** 스타벅스 의자는 무척 편하고 사람들이 오래 있도록 유도합니다. 최근에는 맥도날드도 인테리어를 아주 편안한 것으로 바꾸는 경우가 있습니다. 이것은 맥도날드 의자가 불편한 이유와 반대되는 개념이 아닌가요? 또 백화점에는 창문이 없는데 그것은 매장에 오래 머물게 하기 위해서라고 들었습니다.

● **회계사의 눈** 유형자산회전율(=매출액÷유형자산)을 높이는 것과 재고자산회전율(=매출원가÷재고자산)을 높이는 것의 차이입니다. 맥도날드는 몇 시간을 앉아 있더라도 먹을 수 있는 햄버거는 한두 개 정도이기 때문에 의자를 불편하게 해서 유형자산회전율을 높이는 것입니다. 그러나 스타벅스나 백화점, 서점 등은 사람을 오래 머물게 하여 더욱 많은 물건을 팔 수 있는 재고자산회전율을 높이는 업종들입니다. 맥도날드도 커피 등의 판매를 시작하면서 오랫동안 사람을 머물게 하는 전략으로 바뀌고 있습니다.

왜 연구개발비가 비용인가요?

● **독자의 눈** 판관비로 들어가는 연구개발비 때문에 연구개발비가 많을수록 적자가 늘어난다고 하였습니다. 취업에 도움이 되지 않는 스펙 같은 연구개발은 안 하는 것이 낫다고 하셨는데요.

중요한 것은 연구개발비가 자산이 될 것인지 판관비가 될 것인지의 가늠은 지출 후에 알게 된다는 것이지요. 처음부터 판관비가 될 연구개발비를 지출하는 회사는 없을 것입니다. 연구개발비가 비용으로 가는 것은 사후에 알 수 있을 뿐입니다. 어떤 기업이 매출을 올리지 못하는 연구개발을 시작하겠습니까?

● **회계사의 눈** 영어를 공부하는 데 토익만 하는 학생이 있습니다. 실전

에서는 전혀 쓰지 못하는 데도 말이죠. 이것을 스펙이라고 하죠. 영어를 잘하려면 책상에서 공부할 것이 아니라 영어환경에 자신을 노출시키는 것이 낫습니다.

연구개발비는 자산과 비용 두 가지로 처리됩니다. 미래에 수익을 가져오는 것은 자산으로, 그렇지 않은 것은 비용으로 처리됩니다. 연구개발비가 모두 수익을 내기 위한 것이라고 알기 쉽지만 실전에서는 그렇지 않은 경우가 많습니다. 공부를 하면 다 좋을 것 같지만 스펙 쌓기 공부가 필요없는 낭비라는 것을 아는 것처럼 말이죠. 대기업에서는 연구개발비를 미래 수익성을 판단해서 지원하기 시작했습니다.

'수익을 내지 못할 연구개발을 기업이 할까?' 하는 의문이 들겠지만 실제로는 허다합니다. 학생뿐 아니라 일반인들이 쓸데없는 공부를 하지 않을 것 같지만 실제 물어보면 그냥 막연하게 필요할 것 같아서 한다는 경우가 많습니다. '왜 이것을 하는가?'에 대한 진지한 고민을 강조하고 싶네요.

연구개발비가 많다는 것은 경쟁이 치열하다는 의미이고 계속적으로 연구개발을 해주어야 하므로 회사의 부담이 클 수 있어요. 델 컴퓨터는 이익률이 낮고 연구개발비가 아주 적은데 이것이 문제라고 분석하는 것은 책상 회계입니다. 델 컴퓨터는 박리다매를 하면서 일상품 시장의 저가품 제공이라는 정책이 업의 본질이기 때문입니다. 회계를 통해 돈 버는 눈을 키운 사람들은 100원이 어떻게 사용되는지 이해하여 회계를 경영흐름과 연결시킵니다.

돈 버는 눈을 갖기 위해 꼭 알아야 할 회계 용어

재무상태표와 포괄손익계산서

재무상태표는 회사의 재무상태를 표시하는 것으로 회사가 보유하고 있는 재산상황을 나타내주기 때문에 회사가 얼마나 부자인가를 판단할 수 있도록 해준다. 한편 포괄손익계산서는 회사의 경영성과를 보여주는 재무제표로서 얼마나 수입을 올렸고 비용을 지출했는가에 대한 정보를 준다.

재무회계

재무회계는 주주, 채권자, 노동조합, 국세청, 국가 등 기업의 이해관계자에게 재무제표를 통해서 정보를 제공하는 것이다. 따라서 이들 각각의 요구를 다 들어줄 수 없기 때문에 공통적인 정보를 정해진 형식대로 제공하게 된다. 대표적인 재무회계 정보는 기업의 재무상태와 경영성과로 각각 재무상태표와 포괄손익계산서라는 재무제표 형식으로 제공된다.

관리회계

관리회계는 기업 내부의 경영자에게 경영상의 의사결정에 필요한 정보를 제공한다. 따라서 의사결정 상황에 비추어 관련성 있는 정보만 제공하면 되고, 일정한 형식 같은 것은 없다.

세무회계

세무회계는 세금납부를 위해서 얼마나 소득을 얻었는가를 계산하기 때문에 재무상태표보다는 포괄손익계산서가 중심이 된다. 세무상 소득은 재무회계의 포괄손익계산서상 이익과는 약간 다른데 양자의 목적이 다르기 때문이다. 재무회계는 회사의 재무상태와 경영성과를 제대로 알려주는 것이 목적이지만, 세무회계는 적정한 세금징수라는 목적 아래 공평

하게 세금을 내도록 하고 정책적인 문제도 해결하는 것이 목적이다. 또 세금 100만 원을 걷는 데 징수비용이 150만 원 들어가면 안 되므로 징수의 간편성도 생각해야 한다. 즉 세무회계는 목적이 여러 가지라서 재무회계보다 복잡하고 어렵다.

자산
자산에는 크게 당좌자산(금융상품), 재고자산, 투자자산(주식채권), 유형자산(부동산)이 있다. 무형자산도 있지만 회계에서 무형자산가치를 정확히 산출하는 것은 어려운 일이다. 따라서 재무제표상 무형자산과 실질적인 무형자산가치와는 차이가 날 수밖에 없다.

수익
수익의 종류는 크게 네 가지가 있다. 매출, 이자소득, 배당소득 및 시세차익, 부동산임대소득 및 시세차익이다. 매출이라는 수익은 재고자산이라는 자산에서 나온다. 이자소득은 예금이나 적금 같은 당좌자산(금융상품)이 있어야 얻을 수 있다. 배당소득은 주식 같은 투자자산에서, 부동산수익은 부동산 같은 유형자산이 있어야 얻을 수 있다.

비용
미래에 수익을 창출하지 못할 것으로 판단되어 자산에서 비용으로 전환되는 항목들이 있다. 매출채권이나 다른 금융상품 등의 당좌자산은 상대방이 부도가 나거나 어려워서 받지 못하게 되었을 때 '대손상각비'라는 비용으로 전환된다. 재고자산은 판매가 되면 고객한테 물건이 가는 것이므로 더 이상 미래에 수익을 창출하지 못하게 되어 매출원가라는 비용으로 전환된다. 종종 재고자산이 폐기되거나 파손되는 경우에도 비용으로 전환된다. 주식채권 같은 투자자산은 피투자회사가 부도 또는 파산이 되어 주식가치가 떨어지면 비용으로 전환된다. 건물이나 기계장치 같은 유형자산은 시간이 가면서 감가상각비라는 비용으로 전환된다.

감가상각비

유형자산은 토지, 건물, 차량, 공장, 기계 등을 말하는데 사람이 수명이 있는 것처럼 유형자산은 내용연수가 있기 마련이다. 내용연수는 유형자산이 돈을 벌어올 수 있는 시기, 즉 사용할 수 있는 기간을 말한다. 유형자산은 내용연수 동안 자산에서 비용으로 전환시켜주어야 하는데 이것을 감가상각이라고 한다. 예컨대 100억 원의 유형자산을 20년 동안 사용한다면 20년 후에는 유형자산 금액이 제로(0)가 될 것이므로 매년 5억 원씩 자산에서 비용으로 전환시켜준다.

유형자산 재평가

자산재평가로 부동산가치가 높아지면 자본이 동시에 늘어나서 부채비율(부채÷자본)이 떨어지고 낮은 대출이자율을 적용받을 수 있다. 한편 부동산의 담보가치가 높아져 차입금이나 주식시장의 자금조달에서 유리하게 작용할 수 있다.

유형자산 회전율

유형자산 회전율은 매출액을 평균 유형자산 금액으로 나눈 비율로 설비와 같은 유형자산을 얼마나 효율적으로 사용했는지를 파악하기 위해 사용하는 지표다. 이 비율은 회사가 보유하고 있는 유형자산이 얼마나 잘 활용되어 매출을 얻고 있는지에 대한 정보를 주는 것으로 매출액을 평균 유형자산으로 나누어서 계산한다. 이때 평균 유형자산은 매출액을 얻기 위해서 연중 투자된 유형자산의 평균값으로 편의상 기초와 기말 유형자산을 합산해 2로 나눈 금액을 이용한다.

만약 유형자산 회전율이 높다면 동일한 유형자산을 투자해 매출을 많이 올리고 있다는 것이므로 수익성이 좋을 것이다. 또한 동일한 매출을 올리고 있는 회사의 경우에는 유형자산 회전율이 좋을수록 투자비가 적다는 의미이므로 감가상각비로 떨어지는 금액도 줄어들어 이익이 높아지고 투자 리스크도 적어진다. 그러나 투자규모를 축소하거나 투자를 유보

하더라도 유형자산 회전율이 높아지기 때문에 회전율이 높고 낮은 원인을 함께 봐야 한다.

감가상각과 재투자

유형자산은 시간이 경과하면서 가치가 서서히 감소하게 되어 내용연수가 경과하면 더 이상 회사에 돈을 벌어다주지 못한다. 결국 내용연수가 경과되면 회사의 유형자산은 모두 비용으로 바뀌어 유형자산금액은 제로(0)가 된다. 따라서 유형자산은 내용연수 동안에 비용으로 전환되어야 하는데 이것을 '감가상각'이라고 하고 감가상각된 비용을 '감가상각비'라고 한다.

대부분 회계 전문가들은 감가상각비를 비용으로 생각하고 끝내버리지만 사실 이것보다 더 중요한 것은 재투자 개념이다. 지금의 사업을 계속 유지하기 위해서는 감가상각비만큼 반드시 재투자 통장을 만들어놓아야 한다. 지금 가지고 있는 건물이나 기계장치를 영원히 쓸 수 없다. 내용연수가 지나면 다시 재투자를 해주어야 하기 때문이다.

투자자산

투자자산은 영업 목적이 아니라 다른 회사를 지배하거나 혹은 재테크 목적으로 주식 또는 채권에 투자하는 것을 말한다. 이자수익을 목적으로 투자하는 장기금융상품, 다른 회사의 주식을 보유하는 지분증권, 발행회사에 대해 원금과 이자를 청구할 수 있는 채무증권 등이 투자자산에 포함된다.

.

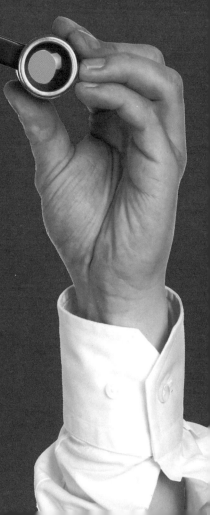

돈
나오는
구멍을
찾아라

백화점은 왜
물건을 팔고도
매출을 잡지 않을까?

　글로벌경영아카데미의 비빔밥팀이 광주까지 내려온 것은
유통업에 대한 기업탐방 때문이었다. 서울에서도 충분하지만
유통업은 전국 유통망을 보는 것이 좋을 것 같았기 때문이다.
다른 팀들은 서울 위주로 할 것이 예상되기 때문에 오히려 물
류비가 가장 큰 문제인 지방 기업을 분석한다면 좋은 과제수행
이 될 것 같았다. 이번 기업실무 기획의도는 유통업체의 재고
자산 관리비용에 대한 사례분석과 해결방안을 제시하는 것이
다. 지도교수는 사업의 핵심은 재고와 채권관리라는 것을 강조
했고 각 기업에서 활용하는 전략들을 조사하는 데 역점을 두라
는 코멘트를 해주었다.

"멀리 갈 필요도 없죠. 근처에 있는 백화점으로 가면 되겠네요."

원 대리의 말에 강인한도 맞장구를 쳤다.

"맞아요. 유통업에 백화점과 마트가 빠질 수 없죠. 그 백화점에는 백화점과 마트가 함께 있으니 양쪽 다 볼 수 있겠네요."

점잖은 박 사장이 옆에서 한마디 거든다.

"백화점 가면 원 대리가 제일 신나하겠는걸."

백화점에는 강인한의 고향 친구들이 근무 중이어서 여러모로 도움을 받았다.

의류매장을 지나가던 중 섬회계사가 갑자기 질문을 던졌다.

"그런데 여러분, 백화점은 옷을 팔고도 매출로 잡지 않는다는 사실 아세요?"

"네, 그게 무슨 말이에요? 물건을 판매한다면 당연히 매출로 기록해야죠. 자기네가 팔고 매출로 잡지 않는다고요?"

"에이, 설마요. 백화점이 판매된 옷을 매출로 잡지 않는다면 탈세라도 한단 말인가요?"

"예. 사실이에요."

"아니, 정말요? 왜 그런 건데요?"

"회계 때문이죠."

"아니 그런 상식 밖의 회계가 어디 있어요. 물건을 팔고도 기록을 안 하는 회계가 있단 말인가요?"

"네. 그것은 자기 물건이 아니니까 그렇죠."

"매장에 있는 이 물건들이 자기 물건이 아니면 누구 물건이란 건가요?"

"백화점에서 파는 물건들 중 상당수가 백화점 물건이 아니라 입점업체의 물건입니다. 즉 입점업체는 재고관리와 소유권을 모두 갖고 있으며 백화점에 매출액의 일정 비율만큼을 지급하는 것이죠. 따라서 입점업체가 백화점에 원가 100의 물건을 납품하더라도 이것은 매출이 아니며 자신의 물건을 창고에서 백화점으로 이전한 것에 불과한 것입니다. 또한 입점업체가 원가 100의 물건을 150에 팔더라도 이것은 입점업체의 매출이기 때문에 백화점은 자신의 매출로 기록할 수 없어요. 입점업체가 백화점에 수수료로 20을 지급한다면 그때야 20만큼만 매출로 기록하는 거죠. 물건 판 가격은 입점업체의 매출이므로 입점업체는 수익 150, 비용은 120(물건 원가 100 + 백화점에 지급한 수수료 20)이 되는 것이죠."

회계에서는 재고자산에 대한 소유권이 중요한 개념이 되었다. 입점업체라 하더라도 재고자산에 대한 책임이 백화점에 있고 반환할 수 없는 경우에는 재고자산 권한이 백화점에 있으므로 백화점에서 모두 매출로 기록할 수 있다. 하지만 재고자산에 대한 권한이 입점업체에 있다면 백화점은 매장을 임대한 것밖에 없으므로 수수료만을 매출로 인식해야 한다. 섬회계사는 이런 사항도 간단하게 회계자료의 주석사항을 검토하고 백화점 인터뷰를 해보면 알 수 있다고 알려주었다.

대형 마트 물건은
정말 싼 것일까?

백화점에 들어설 때부터 가장 화색이 돌던 원은주 대리는 자신의 화장품 하나와 친구에게 줄 액세서리를 샀다. 남자 셋은 멀뚱멀뚱 구경을 하는 둥 마는 둥 했을 뿐이다. 일행은 곧바로 연결된 마트로 옮겼다. 마트는 백화점보다 한결 사람이 많았고 바쁘게 움직였다. 그런데 야채와 생선 쪽은 요즘 작황이 좋지 않은 것을 반영이라도 하듯 한산했다.

"요즘 농수산물 사장님들은 시장이 좋지 않아서 힘들다고 푸념만 하는 분위기야."

유통업을 하는 박남규 사장이 남일 같지 않다며 걱정스럽게 말했다.

"작황이 나쁘면 가격이 오를 테고, 가격이 오르면 매출액은 높아지지 않나요? 매출액이 판매량과 판매단가를 곱한 것이니까 판매단가가 오른다면 매출액은 크게 변동이 없을 것 같은데요."

제법 회계마인드가 느껴지는 강인한의 질문이었다.

박 사장은 고개를 갸웃거리며 말했다.

"그건 하나만 알고 둘은 모르는 소리야. 가격이 많이 오르면 수요가 감소하거든. 시금치나 고등어가 갑자기 50퍼센트, 100퍼센트 오르면 평소 두 번 먹던 걸 한 번으로 줄여버린다는 얘기지. 그러니까 전체적인 매출액도 줄어들 수밖에. 어차피 소비자의 지갑은 상한선이 정해져 있으니까. 특히 농가들은 사료값이 높아져서 마진이 적어지거든. 그렇다고 육류를 수입하는 수입상은 괜찮냐면 그것도 아니야. 환율이 오르면 수입고기 가격도 덩달아 오르니까 말이야. 이래저래 요즘 유통업체는 먹구름이 잔뜩 끼어 있는 꼴이야."

"그래도 이런 대형 마트는 장사가 잘되는 것 같아요. 손님들이 조금이라도 싼 이곳으로 몰리지 않겠어요?"

박 사장은 그것도 뭘 모르고 하는 소리라는 듯 어두운 얼굴로 말했다.

"나는 대형 마트에 납품을 하지 않는데, 내가 아는 회사는 대형 마트에만 납품하다가 망했어."

"왜요? 대형 마트라면 매출도 많고 결제도 잘 해주지 않나요?"

강인한의 질문에 박 사장은 간략하게 설명했다.

"대형 마트일수록 어음결제를 해주거든. 자신들은 소매로 현금을 조달하면서 납품업체한테는 3개월짜리 어음을 끊어주니 대형 마트만 좋은 거지. 그뿐만 아니라 단가압력도 엄청 심해서 대형 마트에 들어가 있는 수수료 매장 농수산물 코너는 우리가 직접 판매하는 가격보다 40퍼센트 정도 가격이 비싸. A마트에서 입점업체한테 수수료로 매출의 40퍼센트나 떼어가니까 그 정도는 높게 받아야 남는 게 있다는 거야."

강인한은 박 사장의 말을 놓치지 않고 이해가 안 되는 부분은 바로 물었다.

"수수료 매장이라뇨?"

"공간을 임대한 것이지. 그런데 임대료가 매출액의 40퍼센트를 책정하는 식으로 계약이 되어 있는 거지."

"그럼 농수산물 매장들은 마트 것이 아니네요?"

산지 직송이라는 은갈치를 찬찬히 살펴보고 있던 원 대리도 끼어들었다.

"그럼. 하물며 거기 직원들도 마트 소속 직원들이 아닌데?"

"네, 그게 무슨 말씀이에요? 마트에 있는 직원들이 마트 직원이 아니라니…."

섬회계사도 한마디 거들었다.

175

"맞아요. 축산물이나 수산물, 제빵 코너들은 대부분 수수료 매장입니다. 직원들도 납품업체 직원들이고 매출의 일정 비율만큼 마트에 지급하죠."

강인한 일행이 마트에서 직영하지 않는 코너들을 알아 봤더니 재고관리가 힘든 품목들이 대부분이었다. 공산품은 대부분 직영이었지만, 농축수산물 코너들은 장소만 빌려준 뒤 매출액의 일정 비율만큼을 수수료로 챙기는 방식이었다. 직원들 월급은 납품업체에서 지급하고 서비스 교육은 마트에서 시키는 것으로 역할 분담이 되어 있어서 마트 직원도 아닌데 자기 직원처럼 부리고 있었다.

'요즘 그래서 상생경영이라는 말이 자꾸 나오는구나.'

강인한은 이런 점조차 개선되지 않은 상황에 상생경영을 하려면 시간이 더 필요하다는 것을 절감했다.

"대형 마트에 많은 수수료를 주어야 하니까 수수료를 감안해서 가격을 책정하면 단가가 비싸진다고 그러셨죠? 그런데 저는 마트에서 농수산물 가격이 비싸다고 생각하고 사본 적이 별로 없는 것 같아요."

원 대리가 자신이 시장 본 경험을 떠올리며 박 사장에게 이야기했다. 박 사장은 그럴 리가 없다는 표정이다.

"글쎄. 비싼데도 왜 그렇게 느끼지 않았을까? 혹시 원 대리가 아직 결혼을 하지 않아서 그런 걸 꼼꼼히 안 챙기는 것 아닌가?"

옆에서 듣고 있던 섬회계사가 원 대리의 질문에 대한 대답을 해주었다.

"마음의 회계 때문이에요. 동네 마트에 갈 때는 반찬거리 위주로 시장을 보기 때문에 가격에 민감해지지만, 대형 마트에 갈 때는 대규모로 시장을 보기 때문에 고기나 생선 가격이 얼마나 비싼지 비교해보지 않는 것이 소비자 습성이거든요."

"듣고 보니 그렇네요. 대형 마트에 가서는 제가 주로 사려고 하는 품목 한두 가지 가격만 비교하거든요. 나머지는 그다지 비교하지도 않고 바구니에 담았던 것 같아요. 특히 농수산물은 비교 자체가 너무 힘들잖아요."

옆에서 듣고 있던 강인한이 원 대리를 놀리듯 말한다.

"원 대리님 나중에 시집가려면 시장 보는 것부터 배워야겠는데요."

그 말에 원 대리가 눈을 살짝 흘기며 조그만 손으로 강인한의 어깨를 툭 친다.

강인한은 대형 마트가 절대 손해 볼 수 없는 사업구조는 사실을 알았다. 사업에서 가장 힘든 재고관리를 납품업체에 떠넘겼고, 매출채권이 거의 없는데다 상품권이라는 것을 이용해 팔지도 않은 물건에 대한 돈을 미리 받고 있었다. 또 어음으로 매입한 것을 현금으로 판매하니 자금 운용도 편하지 않은가.

"월마트는 재고자산 관리 면에서는 한 수 더 높은 방법을 사용하죠. 인공위성을 세우고 자신의 판매정보와 고객정보를 위성을 통해서 제조업체인 P&G에 넘겨주었습니다. 월마트의 수요예측을 공유함으로써 P&G는 자기 회사가 만든 물건이 얼마나 남아 있고 어느 정도 수요량이 있는지 분석하여 재고 일수를 19일에서 6일로 감소시켰어요. 매출도 4퍼센트 증가했고요. 그래서 월마트 회장은 이렇게 말하곤 했습니다. 'P&G가 월마트에 납품한다는 사고방식을 버려라. P&G가 월마트의 일선 점포의 운영을 맡고 있다고 생각하라'라고 말이죠."

보통 사람들은 [혼자] 가지만
부자들은 [함께] 간다.

6,000원 뷔페는
어떻게 마진을 남길까?

"우리 오늘 너무 열심히 하고 있는 것 아세요?"

강인한 말에 사전에 약속이라도 한 듯 원 대리가 거든다.

"맞아요. 시간도 벌써 1시가 지났다고요."

섬회계사와 박남규 사장도 시간 가는 줄 모르고 있었다.

"그러면 어디서 간단히 점심을 먹죠."

"그런데 어디서 먹지?"

섬회계사 말에 강인한이 준비한 듯 대답한다.

"이 마트 제일 위 층에 보면 뷔페가 있던데, 거기 갈까요?"

강인한은 다른 사람의 대답은 듣지도 않고 엘리베이터 앞으로 가서 버튼을 눌렀다. 그런데 원 대리도 강인한 뒤를 따라 말

없이 엘리베이터 앞에서 기다리고 있었다.

강인한의 일방적인 선택으로 일행은 뷔페로 향했다. 간단히 먹으려고 했는데 엄청나게 먹는 곳으로 결정되어버린 것이다. 그러나 생각보다는 깔끔한 뷔페였다. 음식 종류도 부담되지 않는 선에서 야채 위주로 되어 있었고 가격도 일반 식당의 점심 식사 가격 정도인 6,000원밖에 되지 않았다. 저녁에는 고기류가 추가되어 4,000원 정도 더 받는다지만, 그래봤자 10,000원이 안 되는 가격이다.

"굉장히 싸네요. 저녁에 고기 먹고 싶으면 고깃집 가느니 여기 오는 게 낫겠어요."

박 사장의 말에 강인한이 기회를 놓치지 않고 묻는다.

"그럼 오늘 저녁에 고기 먹는 거예요?"

원 대리가 옆구리를 쿡쿡 찌르며 핀잔을 준다.

"하여튼 먹는 것은 놓치지 않는다니깐…."

음식을 덜어와서 먹어보니 맛도 꽤 좋았다.

"강인한 씨, 오늘 점심 장소는 아주 잘 잡은 것 같네."

"사실 친구한테 점심 먹을 곳 알려달라고 했더니 멀리 가지 말고 여기 가라고 하더라고요."

뭔가를 입속에서 오물거리다 삼킨 박 사장이 누구에게랄 것 없이 이야기를 꺼냈다.

"가격이 1인당 6,000원인데 음식 종류로 보아서 거의 마진이 남지 않겠는걸? 이 정도 음식을 준비하려면 최소 1인당 10,000원은 넘어야 할 것 같은데…."

먹는 데 집중하느라 아무도 금방 대답을 하지 못하고 있었다. 박 사장도 혼자 그런 생각이 들었다는 것일 뿐 대답을 구하고 한 말은 아니었다.

그때 느닷없이 강인한이 한마디 던졌다.

"뷔페 사장이 마트 사장 동생일 거예요. 아마 실질 오너는 마트 사장이고 동생은 운영만 해준다고 했거나…."

"그게 무슨 상관이에요. 박 사장님은 이익 이야기를 하시는데 강인한 씨는 가족관계를 따지고 있네요."

원 대리가 강인한에게 또 핀잔을 준다.

"오늘 둘이 왜 이렇게 싸워요? 너무 싸우니 그게 오히려 이상한데…?"

박 사장이 놀리는 듯 묻자 두 사람은 어쩔 줄 몰라했다.

"이 뷔페 단가를 6,000원으로 어떻게 맞추는지 이제 알 것 같아요. 뷔페에서 사용하고 있는 음식 재료는 모두 마트에서 재고를 가지고 온 것입니다. 먹을 수는 있지만 외관상으로 마트에서 판매하기 힘든 재고로 뷔페에서 음식을 만들고 있는 것이죠. 상품성이 없어서 팔지 못하는 재고로 만든 것이니까 먹는 데는 전혀 문제가 없어요. 거의 폐기 처분될 원재료로 수익을 내고 있으니 원가는 제로이고 6,000원을 받더라도 전부 마진으로 이어지고 있는 셈입니다."

박 사장은 섬회계사의 설명에 깜짝 놀라며 묻는다.

"회계사님은 어떻게 그 사실을 알게 되었어요?"

"그런 회사가 일본에 있거든요. 책에서 본 기억이 납니다. 유명한 두부회사가 식재료 도매업을 하는 회사를 M&A로 사들였는데 이 회사에는 판로를 찾지 못한 식재료들이 많이 남아 있었죠. 특히 냉동식품 재고가 골칫거리였지요. 이를 싸게 구입해서 요리한 음식을 손님에게 내놓았습니다. 슈퍼나 편의점 등에서 행사를 하고 나면 식재료들이 많이 남아도는데 이 재료들을 싸게 구입해 원가를 줄였고요. 듣기에는 쉬운 일 같지만 처음 이 일을 하기에는 독창적인 아이디어가 필요했습니다. '남아도는 원재료를 어떻게 하면 싸게 구입해서 부가가치를 만들 것인가?'에 대해 발상의 전환을 해야 했죠."

"와, 멋지다. 역시 회계사의 눈은 다른 사람의 눈과 다른 것 같아요."

원은주 대리가 감탄하며 말한다.

"관심의 차이에 답이 있습니다. 제 처는 여자를 만나면 얼굴만 척 보고 성형수술을 했는지 안 했는지 금방 알아냅니다. 저는 그쪽은 영 모르겠던데, 그 차이가 관심이더라고요. 모든 것을 회계사의 눈으로 관심 있게 보면 돈 버는 법을 캐낼 수 있어요."

점심을 먹고 나서 박 사장은 자신의 고민거리를 섬회계사에게 털어놓았다.

"저희 회사는 친환경 농수산물을 납품하는 경우가 있는데 하루 중 일과가 오전 6시부터 10시까지에 집중적으로 이뤄집니다. 정말 집중적으로 일하는 시간은 그 네 시간 정도인데 인력은 정규직을 쓸 수밖에 없으니 오후에는 놀고 있는 때가 많습니다. 대금회수도 하고 추가적인 영업도 하면 좋겠지만 직원들이 마음처럼 움직이지도 않고요."

섬회계사는 박 사장의 말을 신중하게 듣고 있었다.

"인력이 비효율적으로 운영될 수밖에 없다는 말씀이시군요. 그런데 인력 활용만이 중요한 문제인가요?"

"아니요. 더 중요한 것은 재고문제입니다. 친환경 식품은 농수산물이 대부분이라서 유통기한이 짧거든요. 결국 팔지 못한 농수산물은 폐기처분할 수밖에 없습니다. 게다가 친환경 농산물은 벌레 먹은 것이 많이 있어서 외형상 보기가 안 좋은 것이 많고요."

"그럼 손님들은 사지 않을 것 같은데요."

"네, 맞아요. 친환경의 특성상 벌레 먹은 곳이 나올 수밖에 없거든요. 그래도 사람이 먹는 데는 아무 문제가 없어요."

"그러면 그렇게 남는 재고가 엄청나겠군요."

원 대리가 옆에서 듣고 있다가 묻는다.

"그러면 남는 것은 어떻게 처리해요?"

강인한도 원 대리 옆에서 나란히 붙어서 묻는다.

"그냥, 가족과 친척들이 가져다 먹고 이웃 사람들에게 나누어주기도 하는데 그래 봤자 얼마나 먹겠어."

그러다가 박 사장의 얼굴이 환해졌다.

"그런데 아까 점심 먹다가 아이디어가 떠올랐어요."

"어떤 아이디어요?"

강인한과 원 대리가 동시에 묻는다.

"가공식품인 반찬가게를 하면 어떨까 하고요. 재고로 남아 있는 농수산물을 가공해서 추가 판매를 할 수 있잖아요. 또 농수산물 상태로 판매하는 경우 모양이 조금만 이상해도 상품성이 떨어지는데 가공을 하면 손님들도 모양에는 신경쓰지 않고 맛에만 관심을 갖게 되어서 재고자산을 처리할 수 있을 것도 같고요."

"좋은 아이디어네요. 그러면 신규투자가 또 이루어져야 하는 것 아닌가요?"

강인한 말에 박 사장의 눈빛은 더욱 또렷해지고 얼굴에는 환한 빛이 가득했다.

"인력문제까지 해결할 수 있겠어요. 반찬가게를 열려면 매장이 커야 하고 그러면 투자비가 들어가는데 배달로 하면 매장 사이즈를 줄일 수 있겠죠."

"배달해주면 여자들도 좋죠. 시장 보러 가는 것도 일인데 반찬을 집으로 가져다준다면 다들 좋아할 거예요. 아파트 단지 같은 데가 있으면 더욱 좋을 것 같네요."

원 대리가 여자의 입장을 생각해보면서 말했다.

"좋아요. 대규모 아파트 단지 내에 조그맣게 반찬가게를 열고 배달을 해주는 것으로 하면 될 것 같아요."

박 사장은 팀원들 말 한마디 한마디에 아이디어가 자꾸 떠올라 기쁨을 감출 수 없었다.

"그러면 배달하는 데 비용이 많이 들지 않나요?"

강인한이 원 대리의 말이 끝나기 무섭게 비용문제를 건드린다. 그러나 박 사장은 더 잘되었다는 눈치다.

"그것이 가장 중요한 요소인데 우리 회사 직원들은 오후에 일이 없으니까 반찬가게 배달업무를 주면 딱일 것 같네. 그러면 추가 인력투자가 전혀 없게 되는 셈이지."

"와, 오늘 재고랑 인력문제를 한꺼번에 해결하셨네요."

"그러게. 오늘 저녁은 내가 쏴야겠는걸."

옆에서 듣고 있던 섬회계사가 다시 정리해주었다.

"이런 사례들이 제주에도 있어요. 감귤 재고로 고민하는 곳이 있었는데요. 특히 유기농 감귤은 대부분 외형이 못생겼는데 소비자는 단순하게 외형만 보고 판단하는 경우가 많았답니다. 그래서 유기농 감귤의 사업성이 없었던 것이죠. 그런데 제 고객 중 한 곳은 유기농 감귤 중에서 외형 때문에 판매되지 못하는 감귤을 아주 싸게 매입해 가공품을 만들었어요."

"유기농 감귤주스, 유기농 감귤잼 같은 거요? 마트에서 본 것 같아요."

원 대리는 오늘 특히나 얘기가 술술 나온다.

"네. 가공을 하면 맛만 중요하지 외형이 중요하지는 않거든요. 그래서 매출이 거의 순이익으로 잡히고 있었죠. 그리고 다른 유기농 야채들 중에서 속은 멀쩡한데 아무래도 유기농이다 보니 겉모양에 흠이 있어서 납품하기 어려운 것들이 있었어요. 이 야채들이 원가를 높이는 요인이 되었습니다. 그래서 고민하던 중 아파트 근처에 반찬가게를 만들어서 야채 상태 그대로 판매하기 어려운 것들은 가공해 반찬을 만들어서 판매했죠."

박 사장이 물었다.

"그래서 성공했나요?"

섬회계사는 고개를 좌우로 흔들며 말한다.

"아뇨. 그 분은 실패했어요."

"왜요? 왜 실패했어요?"

박 사장은 놀란 가슴을 쓰다듬으며 묻는다.

"좋은 비즈니스 아이템인 건 분명해요. 그런데 가공은 품질을 일정하게 유지하는 게 아주 중요하거든요."

"맥도날드처럼 말이죠."

"네. 그런데 그 부분을 간과했던 거예요. 원재료가 좋으니 많이 찾을 거라고 생각했지만, 사실 원재료와 더불어 맛의 균일성이 있어야 하거든요. 제조기술이 필요한 셈이죠."

박 사장은 섬회계사의 말을 수첩에 메모하며 알았다는 듯 입술을 꽉 깨물었다.

재고는 발생하지 않도록 하는 것이 중요하다. 그런데 아이디어가 조금만 들어가면 재고를 다른 부가가치 있는 물건으로 만들어서 추가 이익을 얻을 수 있다.

그날 백화점과 마트를 실컷 돌아보고 와서 카페에 들어가니 이미 섬회계사가 백화점의 재무제표를 올려놓았다.

○○백화점

(단위: 억 원)

매출채권	1,317	매입채무	6,198
		상품권	3,023
……	……	……	……
자산총계	100,977	부채와자본총계	100,977

실제 대형 마트의 위 재무제표를 보면 매입채무가 매출채권의 4.7배 정도가 된다. 받을 돈은 빨리 받고 줄 돈은 늦게 주는 것이다. 매출은 현금으로 하고 매입은 3개월 어음으로 하기 때문에 자금 운용이 원활하게 이뤄진다. 여기에 부채로 잡혀 있는 엄청난 상품권 판매액

이 현금흐름을 좋게 만든다. 현금을 받고 팔았으나 아직 물건은 인도하지 않았기 때문이다.

왜 대형 서점은
엄청난 재고량에도
안 망할까?

1박 2일의 지방출장을 다녀온 후 강인한은 재고관리의 중요성을 실감했다. 그래서 섬회계사에게 아카데미의 다른 학생들과도 함께 공유하는 시간을 갖자고 제안했다.

"어떤 식으로 하면 좋겠어요?"

섬회계사 질문에 강인한이 미리 생각해왔다는 듯 말한다.

"회계사님께서 이번 주쯤 한두 시간 특강을 해주시면 어떨까요? 재고관리와 재고 관련 비용에 대한 주제로 말이죠."

섬회계사는 적극적인 강인한의 요청을 거절할 수 없었다. 아니, 오히려 이런 열정을 가진 사람을 위해서라면 반드시 해야 한다고 생각했다.

아카데미에서 마련한 특강시간에 섬회계사는 서점과 출판사의 재고관리를 사례로 강의하기 시작했다.

"예전에는 서점을 갈 때마다 저 많은 책들을 구입하려면 투자비용이 많이 들겠다는 생각을 하곤 했습니다. 또 '책이 팔리지 않으면 저 많은 재고를 어떻게 처분할까?' 하고 궁금하기도 했습니다. 그렇다고 팔리는 책만 가져다놓는다면 독자들의 발길도 줄어들 것이기 때문에 우선은 규모를 크게 해야 하는 업종이기도 했습니다. 제가 재고관리에 대한 관심을 갖게 되면서 친한 서점 주인에게 물어보았죠. '팔리지 않은 책은 어떻게 하나요?'라고 말이죠."

섬회계사가 학생들을 바라보며 서점 주인의 대답을 예상해보라는 눈빛을 보내자 몇 명이 대답했다.

"반품하지 않을까요?"

"그냥 팔릴 때까지 놔두기도 할 것 같은데요."

여러 사람의 이야기를 듣고 섬회계사는 입을 열었다.

"지금 말씀하신 내용이 모두 해당됩니다. 반품하기도 하고, 그냥 놔두기도 하죠. 서점 주인의 말에 따른다면 책 판매는 '위탁판매'로 이뤄진다고 해요. 위탁판매를 한다는 것은 출판사에서 재고에 대한 책임을 지고 반품을 받아주고 있다는 것이고, 서점은 재고부담을 전혀 지지 않는다는 것입니다. 물론 출판사 중에는 반품을 받아주지 않는 경우도 있지만, 몇 곳을 제외하고는 거의 반품을 받아주기 때문에 임대료 이상 정도만 수수료 수익을 올리면 손해를 보지는 않는 것입니다.”

“그러면 서점은 소매업이 아니라 중개업이겠네요.”

“아주 틀린 말은 아닌 것 같습니다. 도소매업으로 하려면 재고가 필요한데 재고가 없는 서비스업의 프로세스로 비즈니스를 하고 있는 것이니까요. 어떤 전자회사도 CEO가 교보문고에 갔다가 재고자산 관리 방식의 아이디어를 얻었다고 합니다. 제조업은 재고관리가 핵심업무 중의 하나죠. 재고자산이 많아지면 현금이 재고에 묶이게 되고, 심지어는 시간이 가면서 재고는 제값을 받기 힘들어져서 덤핑판매를 해야 하는 경우가 생깁니다. 그래서 수익성을 악화시키는 대표적인 요인이 되거든요. 그 전자회사 CEO는 교보문고처럼 창고를 만들어놓고 창고에 물건을 갖다놓으라고 했습니다. 그러면 납품업체가 전자회사 공장 안에 있는 창고에 재고를 보관하고, 전자회사는 협력업체 제품을 사용한 만큼에 대해서만 대금을 지급하는 후정산 방식을 도입한 것이죠. 서점들이 도서관리를 출판사에서 하도록 하듯이 재고관리를 모두 납품업체에서 하도록 한 겁니다.”

“그러면 협력업체의 창고가 그 전자회사 공장 안으로 들어온 것인가요?”

대리점을 해본 경험이 있는 박남규 사장이 물었다.

“네, 정확한 대답이십니다. 자산은 모두 좋은 것이지만 재고자산은 동전의 양면과 같은 성격이 있습니다. 수익을 얻기 위해서 반드시 만들어야 하지만, 팔리지 않는다면 재고는 두고두고 회사의 골칫거리가 되는 것이죠. 재고관리를 쉽게 하는 가장 좋은 방법은 재고의 책임을 위탁하는 것입니다. 다른 회사의 창고를 활용하는 방법이죠. 백화점에 가면 식품매장이 지하에만 있는 이유도 재고관리를 위해서입니다. 식품매장에 있는 과일이나 야채, 정육, 생선 등의 신선식품들은 신선도를 유지하기 위해 매일 입고가 되어야 합니다. 따라서 재고관리 비용을 줄이기 위해서는 하역하는 주차장과 운반 거리가 짧을수록 좋습니다. 또한 이러한 신선식품을 보관하려면 냉장시설이 있어야 하는데 시설장치와 식품의 무게가 많이 나가기 때문에 지하에 식품매장을 설계하는 것이 비용을 줄이는 방법이죠."

섬회계사는 계속해서 프레젠테이션자료를 넘겨가며 다른 회사 사례를 일사천리로 설명했다.

"다음은 한 인터넷 서점의 재무제표인데 인터넷 서점의 재무제표를 보면 이런 사항을 더욱 잘 알 수 있습니다. 즉 재고자산을 최소로 해서 재고에 현금이 묶이는 것을 철저하게 관리하는 전략을 사용하고 있어요. 재고자산을 158억 정도 보유하고 있는데 연간 매출원가가 1,646억 원이므로 35일 정도의 재고를 보유하고 있는 것입니다. 책을 주문하고 배송하는 데 이 정도의 재고를 보유하는 것은 최소 재고라고 볼 수 있습니다."

(단위: 억 원)

재고자산	158	부채	958
⋯⋯	⋯	자본	373
자산총계	1,331	부채와자본총계	1,331
매출원가	1,646	수익	2,516

"그러나 이 정도 재고도 인터넷 서점에는 전혀 부담이 되지 않습니다. 재무제표에서 부채가 높게 나타난 것은 매입채무와 미지급금이 487억 원 정도로 많기 때문인데 출판사들로부터 책을 외상으로 구입했다는 이야기입니다.

외상으로 책을 사는 손님은 없으므로 책을 판매하고 나면 소비자로부터 즉시 돈이 들어오죠. 그런데 출판사에 대금을 결제하기는 책 판매가 이루어진 다음에 한 달 단위로 하므로 재고에 대한 자금부담은 출판사가 갖게 되는 것입니다. 오히려 책 판매대금을 출판사에 지급하는 시점까지 여유 운전자금이 생기는 셈이기도 하죠."

그날 섬회계사는 한 인터넷 서점의 재무제표를 카페에 올려놓았다

○○ 인터넷 서점

(단위: 억 원)

재고자산	0	매입채무	0
......		......	...
		자본	320
......	...		
자산총계	728	부채와자본총계	728
매출원가	0	수수료매출 등	414
판매비와관리비	464		

이 재무제표에는 재고자산이 아예 하나도 없다. 인터넷상에서 책을 판매하는 서점의 경우는 도소매업종이 아니라 판매를 중개하는 서비스업종으로 분류하고 수수료 수입만을 매출로 잡은 것이다. 따라서 판매된 재고자산의 원가를 표시하는 매출원가와 출판사에 지급해야 할 매입채무도 제로(0)로 표시되고 있다.

보통 사람들은 재고자산을 [줄이지만]
부자들은 재고자산을 [만들지 않는다] .

195

생선가게에
냉동고가 없다면?

섬회계사가 제시한 다음 사례는 총각네 야채가게였다. 서두에서 섬회계사가 이야기한 내용을 정리하면 다음과 같다.

총각네 야채가게는 평당 매출이 우리나라에서 최고다. 그곳에서 가장 중요한 업무 중의 하나는 구매업무다. 우선, 좋은 물건을 사 와야 한다. 그런데 구매업무는 좋은 물건만 사 오면 될까? 또 한 가지, 싸게 사 와야 한다. 되도록이면 좋은 물건을 싸게 사 와야 하는 것이다. 싸게 사 오려면 대량으로 구입해야 한다. 그런데 대량으로 구입한다는 것은 재고가 늘어난다는 것이다. 늘어난 재고를 다 팔면 금상첨화겠지만 팔리지 않는다면

문제가 심각해진다. 돈이 재고에 묶여버릴 뿐 아니라 특히 야
채나 생선, 과일 같은 품목은 유통기한이 짧아서 재고는 독이
나 다름없다.

재고를 없애는 가장 좋은 방법은 수요량을 정확히 예측하는
것이다. 그래서 구매업무를 하는 직원들에게 수요량을 예측해
팔릴 만큼만 구매하도록 종용했다. 그랬지만 소용없었다. 왜냐
하면 재고가 남는 것은 판매하는 사람이 못 팔아서 그런 것이
라고 생각해버리기 때문이다. 이러한 대기업으로 갈수록 심각
해진다. 생산성을 높여서 좋은 물건을 싸게 만들었는데 재고가
남았다면 판매부서의 책임이 더 크다고 생각해버리는 것이다.
앞에서야 그렇게 말하지 않겠지만, 구매부서는 재고보다 오히
려 좋은 물건을 싸게 구입하는 것이 매력적인 룰처럼 보인다.

여기까지는 강인한도 재고관리 준비를 하면서 분석한 내용
이었다.

"총각네 야채가게는 어떻게 해서 재고문제를 해결했을까요?"

아무도 대답이 없는 적막한 가운데 강인한이 갑자기 큰소리
로 말한다.

"재고자산을 만들지 않는 것입니다."

"어떻게 재고자산을 만들지 않았을까요?"

섬회계사가 되묻자 좀전에 크게 대답했던 강인한의 입은 굳

게 닫혀버렸다. 모두의 눈길이 자신에게 쏠리자 강인한은 벌떡 일어나 이렇게 말했다.

"그건! 섬회계사님께서 설명해주실 겁니다."

강인한 덕분에 강의 분위기가 상당히 좋아졌다.

"강인한 씨가 아까 재고자산을 만들지 않는 방법으로 문제를 해결했다고 했죠? 농담인 것 같지만 뼈가 있는 말입니다. 재고관리를 처음 시작하는 회사는 어떻게 재고를 줄일까를 고민합니다. 그리고 경험이 있는 회사는 어떻게 남은 재고를 재활용하거나 판매할까 생각합니다. 그런데 정말 재고관리의 천재들은 재고 자체를 만들지 않는 방법을 씁니다. 문제해결을 할 때 가장 좋은 방법은 문제 자체를 만들지 않는 것입니다. 그래서 이 야채가게 사장은 냉동고를 없애버렸습니다. 재고를 없애는 방법은 재고가 생길 여지를 없애버리는 것입니다. 보통 가게에서는 생선이란 재고를 냉동고에 보관하는데 아예 보관장소를 없애버린 거죠."

"냉동고 때문에 재고가 남는다고 생각한 것인가요?"

"네, 냉동고를 없애고 나니 어떤 일이 벌어졌을까요? 직원들은 수요량 예측에 신경을 쓰지 않을 수 없었습니다. 반상회나 소풍, 바자회 등의 일정까지 체크해 더 팔릴 품목이 무엇인지 분석하고, 일기예보까지 관심을 기울여갔습니다. 그러고도 남는 재고는 일이 끝난 후 길거리나 다른 상가에 판매해 재고를

198

없애고 있었습니다."

　냉동고가 없다는 사실은 고객 자신이 구입하는 생선이 모두 당일의 싱싱한 생선을 구입하는 것이라는 믿음까지 주었다. 총 각네 야채가게의 핵심은 재고를 없애는 데 있었다.

재고가 많으면 왜
실적이 좋아질까?

재고에 대한 이야기를 듣던 박남규 사장은 약간 의아해했다. 재고자산은 회사의 보관비용뿐 아니라 폐기처분되는 비용까지 증가시키기 때문에 자산 중에서 줄여야 하는 대표적인 자산이다. 자신도 시외 냉동창고에 브로콜리를 수북히 쌓아놓았던 적이 있었다. 이미 상당 기간 보관했던 상태이고 시기를 놓쳐서 거의 판매가 힘든 상황까지 갔다. 그는 브로콜리를 보면서 속을 태우곤 했다.

그런데 은행에서 자금을 지원받기 위해 결산을 하던 경리 담당 직원이 재고자산이 많으면 재무제표가 좋아진다고 말하는 것이었다.

박 사장은 질문이 있다는 뜻으로 손을 들고 일어나 그런 사정을 짧게 이야기했다. 그러고는 다음과 같이 덧붙였다.

"왜 경리 담당 직원이 재고자산이 많으면 실적이 좋아진다고 말했는지 아직도 이해할 수가 없습니다. 제가 이해하기 힘들다고 하자 그 담당자가 설명을 해주긴 했지만 여전히 잘 모르겠어요."

섬회계사는 그럴 수도 있다는 듯한 표정으로 화이트보드에 다가가 표를 그리면서 설명했다.

"매입한 재고 중에서 기말에 남아 있는 재고를 뺀 것이 매출원가(비용)입니다. 매입이 100억 원인데 80억 원이 판매되었다면 재고가 20억 원 남아 있는 것입니다. 만약 재고를 30억 원으로 하면 판매된 원가는 70억 원으로 줄어들게 됩니다. 즉 재고자산이 늘어나면 판매된 원가는 줄어들고 이익이 늘어나서 재무제표가 보기 좋게 바뀌는 것이죠."

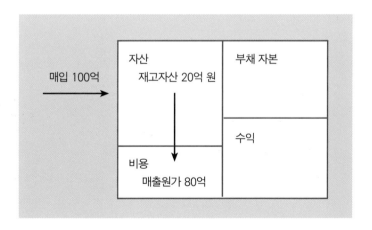

재고는 많으면 좋지 않은 것임에도 불구하고 회계에서는 재고가 많을수록 재무제표가 좋아진다. 재고자산 회전율도 검토를 하긴 하지만 이익을 주로 보는 금융기관에서는 재고가 많은 회사에 대출해줄 가능성이 높아진다.

섬회계사는 간단히 다시 정리해서 대답했다.

"실질 재고가 많다는 것은 좋은 것이 아니죠. 그런데 회계상 재고자산은 일일이 판매된 것을 처리하는 것이 아니라 기말에 남아 있는 재고를 빼고 나머지는 판매된 것으로 가정하는 것입니다. 그래서 재고가 늘면 매출원가가 줄어드니까 실적이 늘어난다고 말한 것입니다."

그날 저녁 섬회계사는 카페에 재고자산 때문에 부도난 전자회사 우영의 재무제표 정보를 올려놓았다.

우영

(단위: 억 원)

매출채권	2,372	**차입금**	1,574
재고자산	1,151	......	...
......	...	**자본**	698
자산총계	3,065	**부채와자본총계**	3,065
비용	3,582	**매출**	3,622

대기업과 거래하는 업계 1위 전자부품 제조업체의 재무제표다. 전년도 매출이 2,950억 원이니까 23퍼센트나 성장했지만 최종 부도처리되었다. 그 이유는 재무제표를 보면 너무나 확실히 드러난다. 대기업을 상대로 거래를 하고 있었기 때문에 마진율이 10퍼센트 정도밖에 되지 않았다. 그런 상황에서 매출을 하고도 받지 못한 돈이 2,372억 원에 달했는데 거의 6개월 매출에 해당하는 돈이 회수가 안 된 것이다. 자금이 부족해지자 회사에서는 1,574억 원이라는 자금을 차입해 재고자산을 만들었다. 하지만 너무 많은 재고에 돈이 묶였고 한정된 마진으로는 차입금에서 발생하는 이자를 감당하기 힘들었다. 매출이 적어서 망한 것이 아니라 오히려 너무 많은 매출을 올리다가 망한 것이다. 회사에 돈이 없으면 매출을 확대하는 전략보다 매출채권이나 재고자산을 빨리 현금으로 바꾸는 조치를 취해야 한다.

경영자가 바뀌면 왜
실적이 떨어질까?

 섬회계사의 재고관리에 대한 특강은 학생들에게 많은 시사
점을 주었다. 그리고 자신의 회사에서 어떻게 재고관리를 해갈
것인지 고민하도록 만든 계기가 되었다.

 그날 저녁 강인한은 간단한 술자리를 마련했다. 십시일반 조
금씩 모아서 강의료 대신 술대접을 하기로 한 것이다.

 그 자리에서도 재고관리가 주된 이슈가 되었고 강인한은 재
고자산에 대한 문제를 알수록 원 대리가 부러웠다. 박남규 사
장의 회사는 유통업이니 재고에 대한 고민이 많을 것 같고, 관
광업을 하는 방기준 이사는 유형자산에 대한 고민이 많을 것
같은데, 금융업에 종사하는 원은주 대리는 아무런 고민도 없을

것 같다고 생각했기 때문이다.

그러나 원 대리는 오히려 더 죽을 맛이라고 하소연한다.

"요즘은 경기가 너무 안 좋아요. 고객들도 돈이 없어서 은행에 돈을 맡기기보다는 찾아가는 사람이 많다니까요."

"찾아가는 사람은 그래도 양반이네요. 저는 찾아갈 돈이나 있으면 좋겠어요."

강인한이 원 대리 말에 심드렁하니 대꾸한다.

"맞아요. 그나마 찾아가는 사람은 소득이라도 많은 고객들이고요. 대부분의 고객은 대출 기간을 연장하거나 운영자금을 빌릴 목적으로 오죠. 은행에서는 재고는 없지만 이자 연체자가 너무 많아서 대손충당금을 추가로 설정해야 하는 상황까지 왔어요. 최근에 터진 부실채권 때문에 술렁거리기도 하고요."

강인한의 생각과는 달리 은행도 나름의 고충이 있었다.

"그러면 회계컨설팅을 하시는 섬회계사님만 정말 좋은 업종에 계시네요. 세무신고라는 것은 불경기가 없을 것 같아요. 경기가 나쁘다고 세무신고를 안 할 수는 없잖아요?"

섬회계사는 강인한에게 웃으면서 대답한다.

"제가 운영하는 회계컨설팅도 불경기에서 완전히 자유롭기는 힘듭니다. '아무리 경기가 나빠도 세무신고는 해야 하지 않나요?' 하고 묻는 사람들도 종종 있죠. 그러나 경기가 안 좋으면 기업들이 부도가 나서 거래처 리스트에서 없어지는 경우도 있고, 무엇보다 컨설팅수수료부터 유보가 되니 미수금이 늘어나거든요."

"아, 그러고 보니 이번에 원 대리님 회사가 신문에 나왔던데요? 경영자가 바뀌었다면서요?"

"강인한 씨, 혹시 아카데미 다니면서 뜬금없는 질문을 많이 하는 습관이 생긴 거 아닌가요?"

"아뇨. 그냥 관심이 많아서요."

"오~, 두 분 수상한데?"

강인한이 얼결에 한 말이 사람들의 오해를 불렀다. 주변에서 '우~ 우~'하는 소리가 나는가 싶더니 뒤이어 대학생들처럼 모션까지 하면서 "사귀어라, 사귀어라, 사귀어라"라는 합창 소리까지 들렸다. 팀은 다르지만 벌써 몇 차례나 인사를 주고받은 수강생들이라 분위기가 화기애애했다.

원 대리는 얼른 분위기를 바꾸려고 말을 꺼냈다.

"경영진이 바뀌고 실적이 너무 안 좋아졌어요."

"그 뉴스 우리도 봤어요. 이번 주 뉴스 토론하다가 언뜻 이야기가 나왔거든요."

다른 사람들도 봤다는 듯이 고개를 끄덕였다.

"전에도 이런 일이 있었는데요. 왜 경영자만 바뀌면 실적이 갑자기 곤두박질치는지 모르겠어요."

원 대리의 아리송하다는 표정에 섬회계사가 말했다.

"기업에서 가장 분식이 많이 이루어지는 것 중 하나가 대손 상각입니다. 왜냐하면 '회사가 갖고 있는 채권 중 어느 정도가 부실인가?'의 문제는 주관적 판단이 많이 개입되기 때문이죠. 꼭 분식이 아니더라도 경영실적을 보고할 때 두 항목을 이용해 실적을 조정하곤 하는데요. 경영자들은 모두 자신의 재임기간 동안 실적이 성장되길 기대하고 노력합니다. 그래서 취임을 하면 기존의 실적을 깎아내리기 바쁘죠. 초반 출발을 낮게 잡아 놓아야 나중에 실적이 많이 향상된 것처럼 보일 테니까요."

"그럼 원 대리님 회사도 분식회계를 했다는 것인가요?"

강인한이 술기운을 등에 업고 묻는다.

"아뇨. 대손상각이라는 것은 분식이 아니어도 논쟁이 많은 부분입니다. 얼마나 못 받을지를 정확히 계산하는 것은 불가능 하니까요. 그러나 처음 취임한 경영자는 좀더 보수적으로 대손 처리를 많이 하는 습관이 있죠. 어차피 현재 시점의 대손은 전임자가 잘못한 것이니까 말입니다. 그러나 주관적 판단이란 것도 시간을 길게 놓고 보면 객관화되어가죠. 경영자의 재임기간 만 두고 보면 전임자의 부실이 후임자에게 성장성을 높여주는 것처럼 보이지만 합산해 보면 결국 실적은 동일해지니까요. 그래서 이런 오류를 범하지 않으려면 회계자료는 2개 연도치만 비교해서는 안 됩니다. 경영자가 두 번 이상은 바뀌었을 최소 10년치를 비교해봐야 합니다."

카드회사와 술집은
같은 업종이다?

강인한 일행이 간 술집은 방기준 이사가 잘 아는 곳이었다. 방 이사는 지방 출장 때 함께 가지 못한 것을 못내 아쉬워하고 있었다.

"오늘은 제가 골든벨을 울리겠습니다."

"정말요? 방 이사님께서 오늘 쏘시는 거예요?"

"와~! 박수 한 번 보내줍시다."

여기저기서 환호와 박수소리가 들려왔다.

그러자 방 이사가 주인을 불렀다. 주인도 방 이사와 절친한 사이라서 테이블에 잠시 합석을 했다.

이런저런 이야기를 하다가 강인한이 또 뜬금없는 질문을 했다.

"술장사를 하려면 뭘 잘해야 합니까?"

그 말을 듣던 박남규 사장이 강인한에게 되물었다.

"왜, 술장사 하게?"

"꼭 그런 건 아닌데요. 누가 그러더라고요. 술장사가 마진이 많다고요."

이야기를 듣던 주인이 피식 웃으면서 말한다.

"술장사는 외상장사라고 해요."

"외상장사요?"

"네. 보통 술집 주인이 장사를 잘하느냐 못하느냐는 외상술 값을 얼마나 잘 받아내느냐에 달려 있기 때문이죠. 우리 이사 님도 외상값이 조금 있는 것 같던데요."

갑자기 화살이 방 이사에게로 돌려졌다.

"네? 정말 외상값이 있다고요? 언제요?"

방 이사가 너무 놀란 듯 급히 묻자 주인이 깔깔깔 웃으면서 말한다.

"이사님, 농담이에요. 꼬박꼬박 결제 잘 해주셨어요."

옆에 있던 원 대리도 말을 받아쳤다.

"그러면 술장사도 은행이나 카드회사와 똑같네요. 부실채권 과 연체율관리가 핵심이거든요."

카드사는 외상대금이 총 자산의 70~80퍼센트를 차지하고 있 는 것을 보면 외상대금 관리가 업의 본질이다. 그러므로 카드사

는 외상관리를 잘 해야 하는 술장사와 같다고 말한 것이다.

섬회계사도 나섰다.

"그렇다면 총자산의 대부분이 외상대금인 회계컨설팅회사도 술장사라고 봐야 할 것 같습니다. 회계자료에서 높은 수치를 차지하는 것은 그 회사의 업의 본질과 관련되어 있다고 봐도 거의 틀림이 없으니까요."

"그럼 오늘 결론은 술장사와 카드사와 컨설팅회사는 모두 본질이 같고, 외상값을 잘 받자는 거네요."

강인한이 재치 있게 마무리를 지으며 건배를 제의했다.

"외상값을 위하여!"

그날 저녁 섬회계사는 어김없이 한 저축은행의 재무제표를 카페에 올리고 자신의 의견을 달았다.

○○ 저축은행

(단위: 백만 원)

대출채권	538,737	**부채** **(고객예금)**	550,468
대손충당금	(67,398)	......	......
......	......	**자본**	6,166
자산	556,634	**부채및자본**	556,634

고객의 예금이 5,295억 원으로 부채 5,504억 원 중 대부분을 차지하고 있다. 이 돈으로 대출을 해주었는데 그중에서 회수가 불가능하다고 판단되는 금액이 674억 원이나 된다. 대출 금액의 12퍼센트나 되는 돈을 못 받게 되니 아무리 예대마진(대출이자−예금이자)을 받아봤자 대손상각비로 나가고 마는 것이다. 이것이 악순환이 되어 이 저축은행은 얼마 전 최종 부도처리되었다.

보통사람들은 재고자산을 [매출]로
판매실적을 평가하지만
부자들은 [현금매출]로 판매실적을 평가한다.

Money Sense

섬회계사의 돈 버는 눈-3

* 트위터와 페이스북을 통해 저자와 독자들이 주고받은 이야기를 담았습니다.

왜 서비스업도 재고관리를 해야 하나요?

● **독자의 눈** 물건을 팔고도 매출로 잡지 않는다면 백화점은 도소매업이 아니라 부동산임대업인가요? 그리고 유통이나 물류사업에는 재고관리 시스템이 중요한데 재고자산이 없는 서비스업에는 문제가 없나요? 한편 재고를 쌓아놓고 사업을 해야 하는 자영업자는 재고관리를 어떻게 해야 하나요? 수요예측이나 과거 수요분석에 의존할 수밖에 없나요?

● **회계사의 눈** 백화점은 직영하는 매장이 있어서 도소매 매출도 있지만 상당 부분은 서비스업 매출로 구성되어 있습니다. 재고자산은 도소매업 등에서 중요하다고 생각하지만 서비스업종에서도 아주 중요합니다. '썩는 재고'라는 개념이 있는데 호텔의 빈 방이나 항공기의 빈 좌석이 시간이 지나면 팔지 못하는 재고를 말합니다. 그러나 이것은 경영관점에서 바라본 것이고, 회계에서는 유형자산입니다. 이를 해결하기 위해 할인이라는 방법을 쓰기도 하는데 덤핑으로 인한 브랜드 손상이라는 문제를 발생시킬 수 있습니다. 예컨대 호텔그룹인 프라이스라인은 역경매방식으로 호텔의 썩는 재고 문제를 해결했습니다.

214

전자제품 대리점들은 다른 대리점들의 재고현황을 공유하는 시스템이 있습니다. 재고가 없으면 다른 대리점의 재고상황을 보면서 요청을 하는 것이지요. 구매업무의 성과평가를 단지 원가로만 할 것이 아니라 재고관련 비용까지 더해보는 것도 방법입니다. 구매할 때는 '싸게'라는 것에만 집중하니까 많이 사게 되고 이것이 과잉재고를 가져오게 됩니다.

왜 다이소는 재고를 많이 보유하려고 하나요?

● **독자의 눈** 재고가 늘어나는 것을 좋아하는 회계 담당자나 사장님이 있다고 했는데 실제로도 재고를 늘려서 사업을 하는 경우가 있나요?

● **회계사의 눈** 초등학생인 딸이 한때 문구점에 자주 들렀던 적이 있습니다. 심한 편은 아니었는데 워낙 소비하는 것을 싫어하는 딸이라 아내는 걱정을 했지요. 문구점에 가보니 초등학생들이 줄을 서서 뭔가를 찾고 있었습니다. 뭔가 새로운 것이 나왔는가 하고 찾는 것이었어요. 정말 문구점에는 없는 것이 없었습니다. 아이들도 새로운 것을 찾았고 새로운 것을 보면 사고 싶어했습니다. 문구점의 전략은 아이들이 생각지도 못했던 새로운 것을 발굴하는 것이었습니다. 잘 팔리는 재고자산이 아니라 새로운 재고를 늘리는 전략인 셈이죠. 이처럼 과잉재고를 생명선으로 생각하는 회사가 다이소입니다. 잘 팔리는 상품은 고객이 빨리 싫증을 낸다고 생각하며, 안 팔리는 상품을 매입하여 다양하고 풍부한 상품을 구성하는 것을 지향합니다.

돈 버는 눈을 갖기 위해 꼭 알아야 할 회계 용어

재고자산

재고자산은 매입하거나 생산하면 재고자산으로 기록됐다가 판매되는 시점에 매출원가라는 비용으로 전환된다. 즉, 회사가 보유하고 있는 시점에서는 자산으로 기록하고 판매되는 시점에서는 비용으로 기록하는 것이다. 그러나 판매될 때마다 매출원가로 기록하는 것은 실무적으로 어렵기 때문에 매입(또는 제조)한 총재고자산에서 기말에 남아 있는 재고를 차감한 금액을 매출원가로 처리하는 방법을 사용한다.

예를 들어 올해 매입한 재고자산이 100억 원인데 기말에 창고에 20억 원의 재고가 남아 있다면 나머지 80억 원은 판매된 것으로 추정할 수 있고 결국 매출원가는 80억 원이 된다. 매출원가는 '기초재고자산+당기매입액-기말재고자산'으로 계산한다.

한편 재고자산은 판매 외에도 시가가 하락하거나 도난 및 폐기, 기부 등으로 없어지기도 하는데 이러한 재고자산감모(평가)손실도 재고자산에서 영업외비용이나 매출원가 같은 비용으로 전환시켜준다.

이익과 현금

매출액은 판매 시점에서 기록되고 매출원가는 판매되는 시점에 재고자산을 비용으로 전환시킨 금액이다. 회사가 15억 원어치의 제품을 고객에게 전달한다면 매출액으로 15억 원을 기록한다. 물건을 10억 원에 매입했고 이중 8억 원어치를 판매했다면 매출원가는 8억 원이다.

15억 원의 매출 중 5억 원은 외상(신용)매출이고 현금매출은 10억 원이라고 해보자. 이때는 매출이 15억 원 증가하고 외상매출금이 5억 원 증가하며 나머지 10억 원은 현금이 증가한다. 매출은 포괄손익계산서에, 외상매출금은 재무상태표에 현금은 현금흐름표에 표시된다.

재무상태표	자산 외상매출금 5억	부채
		자본
포괄손익계산서	비용	수익 매출 15억

현금흐름표　　현금증가 10억 원

또한 회사가 10억 원의 재고를 구매하면 재무상태표에는 두 개의 항목
으로 기재된다. 외상매입금이 10억 원 증가하고 재고도 10억 원 증가하
는 것이다. 재고 10억 원 중 8억 원이 매각될 때는 8억 원의 매출원가가
포괄손익계산서에 기재된다.

217

10억 원 매입	**자산** 재고자산 2억	**부채**
재무상태표		**자본**
포괄손익계산서	**비용** 매출원가 8억 원	**수익**
현금흐름표		현금감소 8억 원

여기에서 주의할 것은 상품매입 10억 원이다. 상품 10억 원을 현금으로 구입해서 현금은 10억 원이 감소하지만 8억 원은 판매했고 2억 원은 창고에 있으므로 포괄손익계산서의 매출원가에는 8억 원만 기록된다.

회사의 현금과 이익이 다른 이유는 매출채권과 재고자산 때문이다. 외상 매출금 회수일자를 당기거나 재고자산을 줄일 수 있다면 회사의 현금흐름에 직접적이고 즉각적인 영향을 미칠 수 있다.

재고자산 회전율 (매출원가 ÷ 평균 재고자산)

매출원가를 평균 재고자산으로 나눈 것으로 재고자산이 얼마나 빠르게 매출원가로 전환되었는지를 나타낸다. 재고자산 회전율이 높을수록 재고자산이 매출원가로 빨리 전환되었다는 것이다. 즉 현금으로 전환된 속도가 빠르다는 것을 의미하므로 판매가 잘 되었다는 것이다. 만약 회전율이 낮다면 재고자산이 판매로 이어지지 못하고 창고에 많이 남아 있다는 것으로 결국 재고부담으로 자금압박이 올 것이 분명해진다.

218

유형자산 회전율 (매출액 ÷ 평균 유형자산)

매출액을 평균 유형자산으로 나눈 것으로 유형자산 투자 대비 얼마나 많은 매출을 올렸는지를 나타낸다. 유형자산 회전율이 높을수록 한정된 공간에서 더 많은 수익을 올렸다는 것으로 유형자산이 효율적으로 활용되었음을 의미한다. 만약 유형자산 회전율이 낮다면 놀고 있는 유형자산이 많다는 것이므로 결국 덩치가 비대해져 유연성이 떨어질 것이다.

매출채권

기업이 상품을 매출하는 과정에서 발생한 채권으로 외상매출금과 받을어음을 말한다. 외상매출금은 상품을 매출하고 그 대금을 외상으로 받은 것이고 받을 어음은 상품을 매출하고 그 대금을 어음으로 받는 것이다. 매출채권은 실제 회수가능한 금액으로 기록해야 하기 때문에 대손 가능성이 있는 금액은 대손충당금으로 차감해 기록한다. 한편 실제로 대손이 된 경우에라면 매출채권은 더 이상 회사의 자산이 아니므로 '대손상각비'라는 비용으로 전환시켜주어야 한다.

매출채권 회전율과 회전 기간

매출채권 회전율은 매출채권이 현금으로 얼마나 빨리 전환되는가를 보여주는 지표로 매출액을 평균 매출채권으로 나누어서 계산한다. 즉 매출채권 회전율이 높다는 것은 동일한 매출채권으로 더 많은 매출을 올리고 있다는 것이므로 채권관리를 아주 잘하고 있는 것이다.

매출채권 회전기간은 매출채권 회전율의 역수로서 매출한 후 얼마 만에 현금을 회수하는가를 보여주는 지표다.

한편 매출채권 회전기간은 매출로부터 현금을 수금하는 데 걸리는 평균 시간을 의미한다. 바꾸어 말하면, 고객이 얼마나 빨리 대금을 결제하는가를 나타낸다. 매출채권 회수기간이 121일이라면 고객이 대금을 결제하는 데는 평균 121일(4개월)이 걸린다는 것이다. 대금회수 기간이 오래 걸리는 이유로는 여러 가지가 있다. 우선 고객이 제품이나 서비스에

만족스러워하지 않을 수 있다. 판매부서 직원들이 판매량 증가를 목적으로 대금회수 기일을 너무 늦춰서 하거나 할부판매를 남발했을 수도 있으며, 대금회수를 담당하는 직원이 현금의 중요성을 모르거나 무능할 수도 있다.

4장 *Money Sense*

숫자 속에
숨은

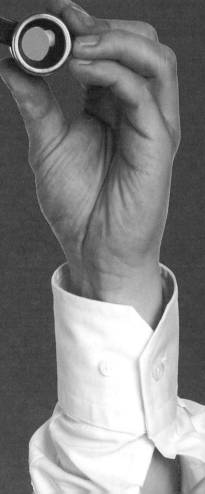

돈의
흐름을
읽어라

백만장자가 왜
법무사 사무장을
계속할까?

　강인한은 과제에 대한 것은 계속 공부를 해왔지만 앞으로 어떤 일을 할 것인가에 대해 진지하게 고민하지 못했다. 막연히 현재 하고 있는 IT시장은 너무 변화가 빠르고 그에 비해 자신이 갖고 있는 지식은 보잘것없다는 생각만 들었다. 이번 아카데미에서 업의 본질에 대해 많이 듣기는 했지만, 아직 자신의 업의 본질에 대해서는 파악하고 있지 못했다. 아카데미를 통해 자신의 비즈니스에 대한 솔루션을 찾아야 했지만, 강인한은 섬회계사에게 과제와 별도로 자신의 진로에 대한 고민상담을 요청했다. 그래서 오늘 만나기로 한 사람이 법무사 사무소 안호규 사무장이었다. 안호규 사무장은 훤칠한 키에 미남이었지만 첫인상이 그다지 편하진 못했다. 그리고 섬회계사로부터 들은 정보에 의하면 재산이 아주 많아 백만장자라고 불린다고 했다. 나이도 섬회계사보다 대여섯 살 위로 보이는 정도였으니 젊은 편이었다.

점심은 아카데미 근처의 아주 허름한 식당에서 했다. 정확하진 않지만 법무사 사무소 사무장 월급이 그다지 많은 것은 아니라고 알고 있는데 어떻게 백만장자가 되었는지가 궁금했다.

"섬회계사님으로부터 자수성가하셨다는 말씀을 많이 들었습니다."

강인한의 말에 안 사무장은 웃음으로 답변을 대신했다.

"사무장님, 가진 재산만 굴려도 먹고 사시는 데 지장이 없으실 텐데 왜 법무사 사무장을 계속하세요?"

뻔뻔함이 있지 않고서야 초면에 이런 질문을 하는 것은 쉽지 않은 일이다. 나란히 앉아 있던 섬회계사는 의외의 질문에 놀라기는 했지만 질타하는 표정은 아니었다. 안 사무장은 고정적으로 부동산에서 나오는 수입이 있었고 그 금액이 사무장 월급과는 비교도 안 될 만큼 상당한 액수였기 때문에 섬회계사도 사실 궁금하긴 했다.

"그렇다고 사무장을 그만둘 수는 없어요."

"왜요?"

안 사무장은 물을 한 컵 들이키더니 천천히 대답했다.

"이것이 본업이기 때문이죠. 부동산투자도 이 일과 연관이 되어 있거든요."

"지금은 본업보다 투자에서 더 수익이 좋다고 들었는데요. 그러면 투자가 본업이 되는 것 아닌가요?"

그때 마침 식사가 나와서 대화가 잠깐 끊겼다. 먹으면서 이야 기 나누자는 섬회계사의 너스레에 모두 수저를 들었다.

안 사무장은 급하지 않은 속도로 자신이 법무사 사무장을 계 속하는 이유에 대해 들려주었다.

그가 부동산투자를 잘하게 된 것은 법무사라는 업 덕분이었 다. 법무사 일을 하다 보면 부동산 등기를 해주고, 법인설립을 대행해주는데 대부분 법무사 사무장들은 등기수수료를 받고 만족해했다. 그 이상 바라지도 않았고 뭔가를 하려고도 하지 않았다.

그런데 안 사무장은 달랐다. 월급을 절약해서 10년간 고생 끝에 1억 원을 모았는데, 그 돈을 어떻게 굴릴까 생각하면서 자신의 일을 다시 한 번 되돌아보게 되었다. 10년간 법무사 사 무장 일을 하다 보니 자신도 모르게 전문분야가 생겼다. 그것 은 부동산과 회사를 보는 눈이었다. 부동산 등기를 하다 보니 좋은 부동산을 보는 눈이 생겼고 회사설립 등기 업무를 해주다 보니 어떤 회사가 잘되고 망하는지를 알게 되었다.

그 후부터는 좋은 부동산이나 회사가 있으면 자신이 직접 투자했다. 부동산을 매입하거나 회사를 설립하는 회사들은 대부분 자기자본이 모자라 은행을 찾는데 법무사 사무장이 투자하겠다고 하니 마다할 사람이 없었다. 또 부동산에 압류나 공매 건이 있을 경우 일시적으로 돈을 빌려주고 높은 이자를 받는 방법도 활용했다.

안 사무장의 말을 듣던 섬회계사도 비슷한 이야기를 했다.

"회계법인의 업무 중에는 회계감사 업무가 있어요. 회계사의 고유업무인데 수익성이 좋지는 않습니다. 회사의 리스크가 커져서 회계감사를 하다가 자칫 잘못하면 감사수수료보다 훨씬 많은 손해배상금을 지불해야 하는 때도 있죠. 그런데도 회계법인이 회계감사 업무를 하는 이유는 대부분의 부가가치 높은 컨설팅이 회계감사 업무를 하면서 나오기 때문입니다. 회계감사를 하면 회사의 자금구조나 경영구조를 모두 파악하는데, 이때 컨설팅이 필요한 부분을 찾아내고 컨설팅을 제안하는 것이죠."

섬회계사와 백만장자가 말하고자 한 핵심은 본업에 있다. 또 연결경영은 이렇게 본업과 연결이 된 분야로 이어져야 한다는 것이었다. 이는 사업을 확장시키는 데 반드시 필요한 부분이라 생각이 들었다. 비용을 최소로 하면서 수익을 극대화하기 위해서는 본인의 핵심을 잘 보고 핵심에서 한 단계 펼쳐나가야겠다는 것을 배운 만남이었다.

손님도 없는데 길거리 장사는
어떻게 돈을 벌까?

백만장자와 만난 이야기는 다음 멘토링에서도 큰 이야깃거리가 되었다. 강인한은 백만장자로부터 들은 이야기를 팀원들에게 자랑하느라 여념이 없었다.

이야기를 귀담아 듣던 박남규 사장이 자신도 그런 경우를 본 적이 있다며 말을 받았다.

"제주에 가면 한적한 길거리에 콘테이너를 설치하고 감귤직판을 하는 곳을 볼 수 있죠."

"맞아요. 우리도 관광을 가면 종종 보곤 하는데요."

관광서비스업을 하는 방기준 이사가 맞장구를 쳤다. 허허벌판 황량한 길거리, 사람도 다니지 않는 곳에 감귤직판 매장이 하나씩 설치되어 있었는데 한번쯤은 왜 하필 이런 데 있는지 궁금했었다. 마트에 가면 쉽게 살 수 있는 귤을 굳이 그곳에서 살 필요가 있는지 납득이 안 되었기 때문이다.

"그런 감귤직판 매장이 수익이 있을까 하는 생각을 오래전부터 가져왔었는데, 혹시 그 이유를 아는 사람?"

박 사장의 물음에 강인한도 호기심 어린 눈으로 바라보며 말했다.

"글쎄요. 저도 궁금하기는 했어요."

"강인한 씨는 도대체 안 궁금한 것이 있기나 해요?"

원은주 대리가 핀잔인지 칭찬인지 알 수 없는 말투로 툭 던진다.

"그래도 호기심이 많다는 건 좋은 습관입니다. 돈 버는 눈을 갖기 위해 가장 필요한 것이 호기심이거든요."

섬회계사의 말에 강인한은 더욱 의기양양해졌다.

"그 직판매장을 운영하는 사람들은 감귤농사를 짓는 사람들이에요. 감귤농사는 손이 얼마 가지 않기 때문에 시간이 많이 남잖아요. 그래서 자신이 농사를 지은 감귤을 길거리에 콘테이너 하나 설치하고 팔고 있었던 것이죠. 도매로 넘기면 가격이 싸니까 소매로 직접 판매하고 있었죠. 자신이 농사를 지었으니 원가는 거의 없고 도매에 비해 높은 가격을 받을 수 있어 마진율은 아주 높습니다. 한적한 길거리에서 하기 때문에 임차료

걱정도 없죠. 판매량이 많지는 않지만, 어차피 남는 시간이므로 하루 일당만 벌면 되는 거죠. 그리고 그 정도는 충분히 번다고 해요. 부업으로 하는 것이기 때문에 하나도 안 팔린다 하더라도 손해 볼 일은 없죠."

"차려진 밥상에 숟가락 하나 얹으면 되는 거였군요."

팀원들은 번갈아가면서 한마디씩 하기 시작했다.

"저도 그런 비슷한 경험이 있어요. 조카가 얼마 전 닌텐도를 선물로 사달라는 거예요. 친구들도 다 갖고 있는데 자기만 없다더군요. 친구들 노는 데 끼지 못하고 있는 것 같아서 크리스마스 선물로 사주기로 했죠. 그런데 생각보다 가격이 비싸지 않더라고요."

"한 15만 원 정도 할걸요."

"맞아요. 그런데 문제는 칩이었어요. 게임기 안에 칩이 있는 것이 아니고 게임을 위해서는 칩을 별도로 구매해야 하는데 한 개에 3만 원 정도하더라고요. 그런데 닌텐도 게임에 한 번 빠지니까 칩을 계속 사게 되더라고요. 닌텐도는 게임기보다는 칩을 팔아서 얻는 이득이 훨씬 많은 것 같아요."

"복사기나 프린터, 팩스를 구입해서 사용해보면 구입가격보다 토너나 드럼을 구입하는 가격이 많이 들어가는데, 그것도 마찬가지네요."

실제로 프린터는 구입가격이나 토너 교체비용이 거의 엇비

숫하기까지 하다. 결국 사무용품기기를 판매하는 회사는 원래
의 기기보다 사무용품을 판매해 얻는 수익이 훨씬 더 좋다. 휴
대폰을 공짜로 지급하는 것도 휴대폰 수익보다 휴대폰에서 발
생하는 통신수익이 수익원으로 더 낫기 때문이다.

팀원들의 의견이 마구 나오기 시작하자 섬회계사가 정리를
했다.

"오늘 이야기를 나눈 것처럼 비즈니스는 이렇게 핵심사업보
다 부업에서 수익성이 높은 경우가 많습니다. 핵심사업에서 나
온 물건으로 부업을 하면 추가적인 원가가 거의 들어가지 않고
판매액 전체가 마진이 되는 경우가 많기 때문이죠. 그리고 핵
심사업과 연결되어 있다 보니 부업은 해도 그만, 안 해도 그만
입니다. 즉, 위험이 거의 없다는 겁니다. 부업을 접었다고 해서
핵심사업이 무너지는 것은 아니니까요."

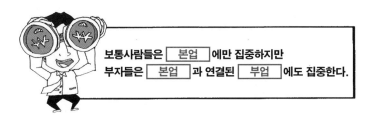

보통사람들은 | 본업 |에만 집중하지만
부자들은 | 본업 |과 연결된 | 부업 |에도 집중한다.

한국에서 철수한 까르푸는
어떻게 돈을 벌었을까?

섬회계사는 이렇게 본업을 잘 연결시킨 사례를 하나 들어주었다.

"세계 2위인 소매 유통업체 까르푸가 이랜드그룹에 매각되기 전 한국 시장에서의 성적표를 보면 업계 4위였습니다. 국내 시장 1위 업체인 이마트와 비교하면 한국까르푸의 실적은 정말 저조하다고 볼 수 있습니다."

"그래서 한국 시장에서 철수했던 것 아닌가요? 우리나라 정서와는 맞지 않았다는 등 이마트의 아성을 무너뜨리지 못했다는 등 당시 까르푸가 문 닫을 때 여러 말들이 있었잖아요."

	까르푸	이마트
매출액	1조 6,680억 원	6조 6,130억 원
영업이익	250억 원	
영업이익률	1.48퍼센트	8퍼센트
시장점유율	8퍼센트	34.5퍼센트
매장당매출	520억	840억

* 2005년 기준

박 사장이 잘 알고 있다는 듯 보충한다.

"그렇다면 까르푸는 한국에서 손실만 보고 떠났을까요?"

"아뇨! 이득을 봤습니다."

"빙고!"

강인한이 자신 있게 대답하자 섬회계사가 추켜주었다.

"강인한 씨, 그걸 어떻게 알았어요?"

"손해를 봤다면 섬회계사님이 물어보지 않았겠죠."

너무나 엉뚱한 대답에 세 사람은 엄지손가락을 아래로 향하며 "우~" 하고 야유를 보냈다. 웃음을 멈추고 섬회계사가 계속 이어갔다.

"이랜드그룹에 인수되기 전 까르푸의 자본금은 8,950억 원의 규모였습니다. 자본금은 주주들의 투자금액을 보여주는 것이므로 주주들이 그동안 8,950억 원을 투자했다는 것입니다. 그런데 2006년 4월 이랜드그룹에게 매각될 때는 1조 7,500억 원을 제시했는데 부동산 시가 등이 많이 상승했다는 것을 근거로 내세웠죠. 그렇다면 약 8,550억 원의 차익을 거둔 것입니다. 실제 사업을 통해 한국까르푸가 1.48퍼센트의 영업이익을 벌어들인 반면, 까르푸 본사는 10년 동안 매년 약 10퍼센트 이상의 투자수익을 거둔 셈입니다. 이런 이유로 우리나라 경제 전문가들은 까르푸가 한국 시장에 투자한 것도 철수를 결정한 것도 모두 성공적이었다고 평가하고 있습니다."

"예전에 뉴코아 같은 회사도 시드머니를 이용해 유통업이라는 외형적인 본업 외에 부동산에서 엄청난 투자수익을 거두었죠."

박남규 사장의 말을 강인한이 이어받았다.

"결국 부자는 재산을 모은 사람이지 소득이 많은 사람이 아니네요. 소득이 많든 적든 간에 자신의 시드머니가 돈을 벌어올 수 있도록 자산관리를 하는 것이 부자가 되는 최고의 방법이라고나 할까요."

섬회계사는 강인한을 슬쩍 보면서 숙제를 하나 던졌다.

"자신의 본업에서 특별한 부업을 하나씩 발견해보세요. 이미 발견한 사람도 있지만 아직 발견하지 못한 사람은 자신이 가장 잘할 수 있는 것이 무엇인지 고민해보세요. 자신의 몸값

234

을 올리는 데 분명 도움이 될 것입니다."

　그날 저녁 섬회계사는 카페에 연결재무제표에 대한 기사를 올렸다.

삼성전자가 과연 한국 최대 기업일까?

자산이나 매출액 기준으로 보았을 때 우리나라 최대 기업은 어디일까? 아마 삼성전자라고 생각하겠지만 실제로는 우리은행이다. 자산 규모에서는 우리은행이 1위이며, 삼성전자는 8위다. 매출액 기준으로 살펴봐도 우리 은행이 75조 원으로 1위이며, 삼성전자는 73조 원을 기록하고 있다. 그러나 놀랍게도 미국의 포춘 500 랭킹을 보면 국내 기업 중에서는 삼성전자가 1위다.

이런 차이는 기업을 평가할 때 개별재무제표를 기준으로 하는가, 아니면 연결재무제표를 기준으로 하는가의 차이에서 발생한다. 선진국에서는 이미 연결재무제표를 기준으로 회사의 순위를 따져왔는데 우리나라는 개별재무제표를 원칙으로 하고 연결재무제표는 부수적인 재무제표로 생각해왔다. 하지만 IFRS(국제회계기준)가 도입되면 연결재무제표를 주재무제표로 보고해야 한다.

연결재무제표 기준으로 평가해보면 삼성전자가 매출액 1위이고 ㈜LG가 2위다. 글로벌 기업인 삼성이나 LG의 실적은 국내 및 해외 자회사의 실적을 합산한 연결재무제표를 기준으로 하는 것이 훨씬 정확한 평가가 된다.

삼성전자 개별재무제표

(단위: 억 원)

자산	725,192	**부채**	144,057
		자본	581,135
비용	750,371	**수익**	805,630

삼성전자 연결재무제표

(단위: 억 원)

자산	1,053,006	부채	423,766
		자본	629,240
비용	1,262,284	수익	1,321,186

지금까지는 그룹 내에서 잘나가는 회사 하나만으로 다른 부실한 회사의 실적을 커버하고도 남을 수 있었으나 앞으로 연결재무제표가 정착되면 혼자만 잘해서는 안 된다. 다른 형제회사나 자회사들의 실적까지 관리해야 하는 부담이 생긴다. 또한 계열사나 자회사를 통해 분식을 하던 과거의 관행도 연결재무제표를 주재무제표로 할 경우 많이 사라질 것이다. 따라서 이젠 그룹에서는 선택과 집중의 전략이 더욱 중요하다. 즉, 연결결산서가 그룹 전체의 실적을 나타내는 것이라고 이해한 상태에서 개별회사가 아닌 그룹 전체의 실적을 어떻게 향상시킬 것인가를 생각해야 한다. 결국 서로의 사업이 연결되어 있을 때 가장 효율적으로 최대의 매출확대 효과를 거둘 수 있다. 본업과 부업이 구분되지 않고 연결될 때 새로운 본업이 창출되는 것이다.

순이익이 6배 증가해도
회장님은 왜 혼을 낼까?

강인한은 아카데미에서도 섬회계사의 멘토링에서도 업의 본질에 대해 계속해서 듣고 있었다. 그런데 뉴스 스크랩을 하면서 순이익이 600퍼센트나 증가했는데 회장까지 나서서 직원들을 질타했다는 기사를 보고 의아해했다.

신문에서 본 회사는 실적 상승률 1위로 기록된 곳으로 증권사에서 모두 목표가를 올리고 있는 중이었다. 재작년 순이익이 2,392억 원이었는데 작년 순이익은 1조 2,224억 원으로 거의 600퍼센트가 증가했다. 이 회사의 주가는 폭등했고 직원들도 성과급에 대한 기대치가 매우 컸다. 대기업이 순이익을 여섯 배나 올린다는 것은 쉬운 일이 아니었기에 시장의 반응은 폭발

적이었다.

그렇지만 그 회사의 CEO는 "이익에는 좋은 이익과 나쁜 이익이 있는데, 지금은 나쁜 이익을 내고 있는 중"이라며 나쁜 이익에 만족하면 구조조정 등 변화의 고삐가 느슨해지고 3~4년 후 오히려 큰 위기를 맞을 수 있다고 말했다.

순이익은 회사의 본업과 부업을 합산한 금액인데 실제 이 회사의 본업에서 벌어들인 이익을 나타내는 영업이익은 2006년도에 5,349억 원이고 2007년도는 5,645억 원으로 거의 변동이 없었다.

영업이익은 거의 변하지 않았는데 순이익이 600퍼센트나 증가한 이유는 무엇 때문일까? 바로 영업외수익(부업)이 증가했기 때문이다.

영업외수익을 자세히 들여다보면 먼저 자회사들의 실적이 호조되어 그에 따른 투자수익이 발생했다. 특히 자회사의 실적을 모회사의 투자수익으로 반영하는 지분법이익이 1조 4,000억 원이나 발생했다. 또한 환율상승이 회사 실적에 긍정적으로 반영되어 외화환산이익이 발생했다.

		(단위: 억 원)
구분	2007	2006
영업이익	5,646	5,349
영업외손익	9,223	(2,731)
당기순이익(세후)	12,224	2,127

여기에서 강인한은 헷갈리기 시작했다. 결국 끙끙대다가 섬 회계사에게 전화를 걸었다.

"회계사님의 말씀대로 본업과 부업을 연결하려고 찾고 있는 데 오늘 신문에 난 CEO는 왜 부업을 잘한 회사 직원들에게 쓴 소리를 한 것일까요?"

"저도 그 기사 봤습니다. 그 회사의 부업에서 발생한 영업외 수입은 대부분 환율과 주식투자수익입니다. 과연 회사에서 환 율과 주식투자를 관리하는 직원이 몇 명이나 될까요?"

"글쎄요. 거의 없겠죠."

"아마 몇몇 리더만이 관련되어 있을 겁니다. 대부분의 임직 원들은 물건을 만들고 판매하는 쪽에만 관련되어 있으며, 이는 모두 영업이익에 반영됩니다. 결국 회사에서 자기 노력의 결과 는 영업이익인 거고요. 영업이익만 본다면 2006년과 2007년 은 거의 비슷하죠? 그런데 임직원들은 모두 자신의 노력과 관 련 없는 순이익을 기준으로 실적을 평가받으려 하고 있었고 이

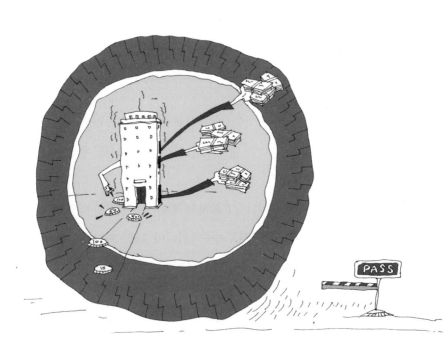

것은 자신의 노력과 전혀 관련 없는 외부환경에 무임승차하려는 것이나 다름없습니다. 그래서 CEO는 '나쁜 이익은 독이 될 수 있다'고 말했던 것입니다. 자신의 노력과 하등의 관련도 없이 외부여건의 변화에 따라 실적이 호조된 것은 오히려 기업에 해롭다는 뜻이죠."

강인한은 그제야 이해가 되었다.

회사의 이익은 크게 본업의 이익과 부업의 이익으로 구분된다. 본업에서 벌어들인 이익을 영업이익, 부업에서 벌어들인 이익을 영업외손익이라고 한다. 영업이익과 영업외손익을 합하면 회사의 최종 순이익이 계산된다. 이익을 좋은 이익과 나쁜 이익으로 구분하는 것이 언뜻 보기에 이상하게 들릴 수도 있다. 어차피 회사는 이익을 창출하기 위해서 존재하므로, 본업을 통해서 벌었든 부업을 통해서 벌었든 이익이 증가한다는 자체에 의미를 두어야 한다고 생각할 수 있기 때문이다.

무엇보다 자신과 관련된 이익이 어떤 이익인지를 구분하는 것이 중요하다. 생산부서에 근무하는 직원이 판매부서의 실적 향상을 자신의 실적으로 가져가서는 안 되기 때문이다. 생산부서는 매출총이익, 영업부서는 영업이익, 회사의 모든 것을 총괄하는 리더는 순이익이 중요한 이익이다. 이익 자체에 좋은 이익과 나쁜 이익이 있다기보다는 다른 사람의 업적을 나의 업적으로 가로채는 것이 나쁘다는 뜻이다.

환율상승과 같은 대외변수는 상황에 따라 회사에게 이득이 될 수도 있고 불리할 수도 있다. 하지만 이는 회사가 관리할 수 있는 지표가 아니다. 이러한 외화환산 관련 이익이나 지분법평가이익이 회사에 불리하게 작용할 경우에도 회사 목표를 달성할 수 있는 기업 체질을 만드는 것이 중요하다.

강인한은 섬회계사가 말한 연결경영의 부업이란 영업외수익을 의미하는 것이 아니라 본업과 연결된 수입으로 본업에 더욱 집중하라는 의미로 받아들였다.

그날 저녁 섬회계사는 의료기기 회사인 메디슨의 재무제표를 카페에 올려놓았다.

메디슨의 연결손익계산서

(단위: 백만 원)

연도	1999	2000	2001	2002	2003
매출액	286,233	305,196	266,628	148,077	137,953
영업이익	3,204	(3,229)	(13,553)	4,280	11,832
순이익	50,866	(118,377)	(114,514)	(87,454)	2,181

메디슨은 1999년도 영업이익이 32억 원에 불과했지만 당기순이익은 509억 원에 달했다. 현금흐름표를 보면 1999년 재무제표 이면의 경영활동을 분석해볼 수 있다.

메디슨의 연결현금흐름표

(단위: 백만 원)

연도	1999	2000
영업활동현금흐름	(68,872)	(146,510)
투자활동현금흐름	(32,709)	101,660
재무활동현금흐름	107,760	44,281

영업활동에서 이익이 난 것은 대부분 주식평가차익으로 주식시세가 오른 것이며 실제 돈이 들어온 것은 아니다. 그래서 당기순이익이 508억 원이나 되지만 영업활동현금흐름은 마이너스 689억 원으로 적자가 나고 있다. 그럼에도 회사는 이익만 믿고 계속 투자를 했고 327억 원의 돈이 투자되었다. 투자한 주식 가격이 상승하자 이것을 너무 믿고 무리한 사업투자를 했다가 유동성 위기를 맞게 되었다. 결국 2000년부터 뼈아픈 구조조정을 하는 계기가 되었다. 순이익의 질을 알기 위해서는 현금흐름표를 보고 경영활동을 이해하는 것이 무엇보다 중요하다.

왜 뮤지컬 공연장에서
손익계산서를
나누어줄까?

"이제 수업도 거의 끝나가는데 우리 어디 가서 조용히 저녁 먹고 뮤지컬이나 볼까요?"

원은주 대리는 팀의 홍일점답게 뮤지컬 공연 회식을 추천했다.

"그래도 회식인데 소주 한 잔이 있어야지 않을까?"

그래서 비빔밥팀은 소주를 곁들여 회식을 한 후에 뮤지컬 공연을 보러 갔다. 일본 극단 시키의 뮤지컬 '라이온 킹'이었다. 모두 마음에 쏙 드는 공연이었다며 기분 좋게 일어서려는데 극단 측에서 뭔가를 나눠주고 있었다. 받아들고 보니 다름 아닌 포괄손익계산서였다.

"그런데 공연장에서 왜 손익계산서를 나누어주는 거예요?"

"글쎄, 잘 모르겠어요."

포괄손익계산서에는 2년간 라이온 킹의 수입과 비용이 요약되어 있었는데 총 제작비가 약 177억 원이고 흥행수입이 140억 원이어서 37억 원의 적자가 발생했다는 기록이었다.

"뮤지컬에서 포괄손익계산서를 나눠주다니, 엄청난 충격입니다."

섬회계사는 상기된 표정으로 말을 이어나갔다.

"우리나라에서 어떤 공연도 공연실적을 관객들에게 공개하는 것을 본 적이 없거든요. 특히 한국에서는 손실이 난 것은 더욱더 숨기고 싶어하는데 말이지요. 적자라는 사실까지 그대로 알려주는 이런 일은 우리에게는 잘 와 닿지 않을 것입니다."

다른 팀원들이 묻는다.

"왜 손실을 숨기려고 해요?"

"뮤지컬 같은 공연은 각종 보조금이나 기업체의 후원금을 받아야 하는데 적자가 났다는 것은 그만큼 관객이 안 왔다는 것이잖아요. 후원금이나 보조금을 지급하는 기업체나 정부기관 입장에서는 관객이 적다고 하면 아마 다음에는 후원금을 줄이려고 할 것입니다. 그러니 한국의 공연들은 모두 실적을 부풀리거나 회계자료를 숨기려고 하는 경향이 많습니다."

강인한 생각도 비슷했다. 공연뿐만 아니라 각종 비영리단체에게 회계자료를 공표하라고 한다면 아마 거센 반발이 일어날 것이다. 실제로 비영리단체와 관련해 세금 부과나 세무 투명성이라는 말이 나오기만 하면 탄압이라고 맞받아치며 반대하곤 했었다.

"한국 뮤지컬이 더 발전하기 위해서는 대규모 투자를 받아 산업화가 되어야 하는데 말이에요. 아직까지 공연계에선 투자자들이 신뢰할 수 있을 만큼 회계장부를 공개하는 곳이 거의 없습니다. 비영리단체들이 보조금과 기부금을 받으려면 받은 돈을 어떻게 썼는지 투명하게 보고하는 것이 선행되어야 하지 않을까요? 그래야 신뢰를 얻을 수 있고 기업들의 더 많은 관심을 가져올 수 있는 계기가 될 것입니다."

강인한은 이런 투명경영이 중요하다는 것은 아카데미에서도 많이 들었고 책에서도 봤지만 실제 적용가능성이 있는지 궁금해서 섬회계사에게 물었다.

"실제 중소기업에도 적용되는 경우가 있나요?"

"네. 물론이죠. 초창기에 우리 회사는 회계 담당직원 혼자 회사의 매출과 비용을 기록해 보관하고 있었습니다. 그러나 투명경영을 위해서 모든 입출금 내역을 인트라넷에 공개하기로 했습니다. 처음에는 괜히 분란만 있을 것이라는 우려도 있었지만, 투명하게 가는 것이 장기적으로 옳다 생각하고 시도했는데 긍정적인 효과가 컸습니다."

"긍정적인 효과라면 어떤…?"

"가장 중요한 것이 신뢰였습니다. 회사의 통장을 그대로 공개한다는 것은 사장이 숨기는 것이 없고 정직하다는 것으로 인식되었죠. 그래서 직원들 서로도 신뢰를 가지고 상대방의 말을 믿게 되었습니다. 회계투명성은 이렇게 신뢰를 쌓는 가장 간단한 방법이죠."

강인한은 자신이 직장생활을 할 때 보았던 회사가 생각났다. 새로 고객이 된 회사로 국내 굴지의 제조업체였다. 강인한은 업무상 전국에 있는 그 회사의 공장들을 방문할 기회가 있었고 그때마다 임직원들과 이야기를 나눴는데 겉보기와는 많이 다르다는 느낌이 들었다.

이전에는 그 회사가 아주 좋은 곳이라고 판단하고 그 회사의 주식도 조금 사볼까 하는 생각을 하고 있었는데 실제 현장에서 받은 느낌은 충격적이었다. 많은 직원들이 회사에 대해서 좋게 이야기하지 않았던 것이다. 회사 직원들이 회사에 대해서 좋은 이야기를 안 하는데 어떻게 회사가 이렇게 잘나갈 수 있을까 하는 의문이 들었다. 글로벌 시장에서는 한계에 부딪칠 것이라는 예상도 해보았다.

직원들이 회사에 대해서 좋지 않게 이야기하는 이유 중의 하나가 노사협상 문제였다. 노조와 사측이 어떤 문제가 발생해 협상을 하게 되면 사측은 주로 무대포식으로 나간다는 것이었다.

구체적으로 '이 공장이 어느 정도 생산성이 떨어졌고 그래서 손실이 얼마나 났으니까 올해는 이만큼 생산성을 올리시오'라고 말하면 이해를 할 터인데, 별 근거도 없이 회사가 어렵다는 말만 반복하며 어떻게 그런 높은 임금인상률을 요구할 수 있느냐고 밀어붙이는 식이라는 것이다. 그 때문에 노조가 파업을 하면 이번에는 언론에서 노조 측이 심하다는 식의 기사가 나온다는 것이다.

섬회계사의 말을 듣고 보니 회계투명성 결여로 서로 불신이 쌓여 있는 것이 가장 큰 문제였다. 성과가 안 좋다면 얼마나 안 좋은지 구체적으로 회계자료를 공개해야 하는데, 이 회사에서는 그런 절차가 생략되고 있었다.

섬회계사는 신문에서 본 주주총회를 매년 1호로 하는 회사에 대해 이야기했다.

"주주총회를 1호로 하려면 결산이 빨리 이루어져야 합니다. 결산이 빨리 이루어지게 하려면 어떻게 해야 할까요? 실력 있는 회계실무자를 보강해야 할까요? 그렇지 않습니다. 결산이 늦어지는 이유 중 가장 중요한 것은 뭔가 조정을 하기 때문입니다. 있는 그대로 보고하는 것이 아니라 올해 실적으로 어떻게 보고해야 하는가에 대해 고민하고, 이것을 회계기준의 허용 범위 내에서 조정을 해 조금이라도 유리하게 재무제표를 만들려고 하다 보니 늦어지는 것이죠. 결국 결산이 늦는다는 것은 회계자료가 복잡하고 조정이 들어갔다는 말입니다. 주주총회를 1호로 하는 회사는 오히려 이 점을 유리하게 이용하고 있습니다. 주주총회를 1호로 하는 것은 결산을 빨리 한다는 것이고, 결국 아무것도 조정하지 않고 있는 그대로 회계자료에 반영해 보여준다는 의미잖아요? 그러니까 직원이든 일반인이든 주식시장의 투자자든 누구라도 그 회사를 믿을 수 있다고 생각하게 되거든요."

섬회계사 말대로 시장에서 주주들은 그 회사에 무한한 신뢰를 주고 있었고 그것은 주가로 반영되었다.

방기준 이사가 관광산업 쪽을 예로 들며 말했다.

"관광업의 가장 큰 문제점을 꼽으라면 음성적인 리베이트입니다. 여행업 종사자들은 리베이트를 자신의 부수적인 수입으로 생각하고 있을 정도죠. 그런데 관광업을 하는 하나투어는 코스닥에 회사를 등록했습니다. 코스닥에 등록한 이상 정확한 회계자료를 공표해야 하므로 이런 리베이트를 모두 공개하겠다는 말이나 다름없습니다. 사실 쉬운 시도가 아니죠. 업계의 관행을 깨야 하는 것이었고 이해당사자의 강력한 반발을 가져올 수 있었습니다. 그러나 하나투어는 코스닥에 입성했고 여행업 종사자는 비록 경쟁상대이기는 하나 이런 하나투어의 시도에 대해 높게 평가하고 있습니다."

섬회계사는 지금까지 나왔던 이야기들을 정리했다.

"앞으로는 신뢰가 기업의 가치를 평가할 것이라고 강하게 믿습니다. 신뢰가 떨어지면 감시를 하기 위한 많은 비용이 발생하고 이것은 기업의 가치를 떨어뜨리기에 딱 좋은 방법이죠. 회계투명성을 높인다는 의미는 회사의 비즈니스 상황을 누구나 이해할 수 있는 숫자로 공개한다는 것입니다. 그러므로 회계투명성은 신뢰를 위한 가장 기본적인 상황이고 기업가치를 높이는 데 필수입니다."

보통 사람들은 내 정보가 공개되는 것 을 두려워하지만

부자들은 내 정보가 공개되지 않는 것 을 두려워한다.

재무제표를 보고
주식투자했는데도
왜 손해를 볼까?

6개월간의 글로벌경영아카데미 코스가 모두 끝났다.

강인한은 6개월간 기업실무 과제를 수행하면서 보고 듣고 분석한 것들이 회계라는 한 줄기로 모두 연결되고 있다는 사실을 깨달았다. 섬회계사 말대로 재무제표는 기업의 재산상황이나 경영성과를 숫자로 바꿔서 보여주는 도구이기 때문에 기업과 관련된 사람이라면 기업에 대해서 잘 알아야 하고 당연히 재무제표를 봐야 한다. 그런데 마지막까지 의문이 들었던 것은 재무제표를 통해 기업분석을 하고 모의 주식투자를 했는데 회계수치가 주가에 반영되지 않는 경우가 있었다는 점이다.

분명 재무제표를 꼼꼼히 살펴봤는데 왜 그럴까? 아카데미는

수료했지만 멘토와의 연은 끌고 가겠다는 강한 의지로 강인한은 의문이 날 때마다 자연스럽게 섬회계사를 찾았다.

"회계사님, 재무제표를 보고 주식투자를 하면 돈을 벌 수 있는 걸까요?"

"맞는 말인 것 같지만, 다르게 보면 전혀 그렇지 않습니다. 그것은 재무제표의 한계를 극복하지 못하기 때문입니다."

주가라는 것은 단기적으로는 심리적인 요인이 작용해 기업가치와 다르지만, 장기적으로 보면 일치하게 되어 있다고 했다. 즉, 기업의 가치를 정확히 예측할 수 있다면 누구나 주식투자로 돈을 벌 수 있지만 기업의 가치라는 것을 정확히 예측하기란 쉽지 않다.

기업의 가치를 표시해주는 것이 재무제표인데 여기에는 몇 가지 한계점이 있었다.

첫 번째로 무형자산의 가치 때문이다. 연구개발비로 100억 원을 사용한다면 이 가치를 어느 정도로 볼 것인가? 브랜드가치는 재무제표에 표시될까? 회사의 탄탄한 조직문화는 재무제표에 어떻게 반영되어 있을까? 기업의 성장률이나 독점력 같은 것은 재산으로 보고 있을까?

회계는 아주 보수적이라서 이러한 장밋빛 가치들은 제로(0)라고 본다. 주가와 기업가치에 큰 영향을 주는 대부분의 사항들이 재산에 반영되지 않고 있는 것이다. 그래서 재무제표만 보고 주식투자를 하는 것은 망하는 지름길이다.

그렇다고 재무제표가 중요하지 않다는 것은 아니다. 그보다 더 중요한 것이 있다는 것을 말하고 싶을 뿐이다. 그러면 재무제표보다 더 중요한 것이 무엇일까?

그것은 현장이다. 재무제표가 반영하지 못하는 것은 현장에 있기 때문이다. 현장에서 기업가치를 몸으로 느껴야 한다. 회사의 재무제표가 정말로 중요한 의미를 가지려면 숫자 이면에 숨어 있는 경영현장을 볼 수 있어야 한다.

기업실무를 통해서 배운 가장 중요한 것은 숫자 이면에 있는 기업현장을 이해하는 것이었다. 그것은 기업이 돈을 캐내는 방법이었다.

강인한은 아카데미를 통해서 '돈 버는 눈'을 조금이나마 갖게 되었다. 처음에는 회계를 단지 숫자의 나열이라고 생각했던 강인한의 생각은 여지없이 무너졌다. 오히려 회계를 통해 기업을 보는 눈이 생기고 비즈니스의 본질을 이해하는 방법을 터득할 수 있었다. 최소한 가장 큰 숫자만 봐도 그 기업의 본질을 파악할 수 있고 어떻게 돈을 버는지 알 수 있었다.

한정된 월급만 가지고 생활해야 하는 직장인에게 많은 재테크 전문가들은 단순히 절약하라고만 한다. 그러나 절약에도 한계가 있으므로 원하는 돈을 모으기 위해서는 절대적으로 소득을 늘려야 한다. 그래서 자기사업을 하지 않는 직장인에게 회계를 통한 '돈 버는 눈'이 절대적으로 필요했다. 왜냐하면 직접 경험하지 않고도 돈 버는 법을 캐내는 눈을 길러주기 때문이었다.

강인한이 비빔밥팀에서 기업탐방을 하고 경제신문과 기업분석을 하면서 위치기반 모바일 소셜 네트워크 서비스인 포스퀘어를 회계에 접목시키는 아이디어를 내놓은 것도 모든 사안을 회계를 통해 들여다보는 눈을 키운 덕분이다. 강인한은 이 사업을 가지고 창업을 준비하고 있다. 직장인들도 충분히 직장에 다니면서 본업과 연결된 사업을 할 수 있다. 또한 단순히 비용절감에 의한 돈 모으기가 아니라 소득의 크기를 넓히는 것이 가능해진다.

강인한은 지금까지 섬회계사가 카페에 올려준 재무제표와 그에 대한 섬회계사의 한마디를 연결시켜서 포스퀘어처럼 만들면 어떨까 하는 생각을 했다. 보통의 사람들이 숫자를 이해하는 것은 어려우니 오히려 말이나 글로 표시해주는 방식이다. 가령 ○○전자라는 회사가 있다고 할 때 그 회사의 건물에 들어서거나 근방에 가면 재무제표가 스마트폰에 뜨고 낭랑하고 신뢰감 가는 목소리로 이용자가 알고 싶어하는 회사의 정보를 알려주는 어플리케이션이 있으면 좋겠다는 생각을 한 것이다.

원은주 대리는 은행의 자금흐름이 ERP를 통해서 자동으로 재무제표에 반영되고 회계 관련 서류가 정부기관에 자동 신고

되는 시스템을 연구하겠다고 했다. 관광업을 하는 방기준 이사는 소셜 네트워크를 활성화시켜 각 관광정보를 이야기로 만들어보겠다는 아이디어를 얻었다. 그리고 박남규 사장의 반찬가게 아이템은 이미 강인한이 모바일 마케팅을 해주기로 계약을 했다.

이 모든 것이 회계를 통한 돈 버는 눈으로 비즈니스의 본질을 보고 강인한의 장점인 IT를 결합시킨 결과였다. 강인한은 글로벌경영아카데미를 시작할 때만 해도 왜 회계를 공부해야 하느냐고 묻곤 했다. 그럴 때마다 섬회계사는 되물었다.

"왜 영어를 공부하죠?"

"외국 정보를 읽고, 듣고, 그리고 말하고, 쓰기 위해서죠."

"회계는 기업에 대한 정보를 읽고, 듣고, 말하고, 쓰기 위해서 배우죠."

이제 여기에 IT를 접목시켜서 더욱 쉽고 편하게 읽고 듣고 말하고 쓴다면 이것도 비즈니스가 되겠다는 생각을 한 것이다. 이미 강인한은 사업가로서의 자질을 갖게 된 셈이다.

보통 사람들은 회계를 볼 때 　숫자　를 보지만 부자들은 숫자 이면의 　경영흐름　을 본다.

255

섬회계사의 돈 버는 눈-4

* 트위터와 페이스북을 통해 저자와 독자들이 주고받은 이야기를 담았습니다.

왜 스탭들은 현장으로 나가지 않나요?

● **독자의 눈** 현장을 이해해야 한다고 하셨는데 모든 직원들에게 매니저의 역할을 강요할 수는 없는 것 아닌가요? 또 회사의 흐름 자체를 전체적으로 이해한다는 것도 현실적으로 어려움이 있는데요. 업무에 따라 현장이 중요한 사람도 있고 그렇지 않은 사람도 있지 않나요?

● **회계사의 눈** 스탭들이 현장을 기피하는 것이 현실입니다. 특히 고객 현장에 나가면 좋은 소리는 못 듣고 불평이 대부분이기 때문에 지금 눈앞의 일이 더 급하고 중요하다고 판단하는 것 같습니다. 그러나 현장은 스탭과 매니저 디렉터에게 도움이 되는 부분이 다를 뿐 모두 중요합니다.

회계컨설팅을 예로 들어보겠습니다. 새로 온 스탭들은 회계처리를 할 때 자주 틀리기도 하고 어렵다고 합니다. 그래서 매니저에게 자꾸 물어보게 되고 시간이 많이 걸립니다. 증빙만 봐서는 현장을 정확히 파악할 수 없고 회계처리의 판단이 안 섰던 것입니다. 또 이 증빙이 어떤 사업부나 어떤 공사현장에서 발생하는 것인지 전혀 감을 못 잡거든요. 그러나 현장을 한 번 다녀오면 정확하고 신속한 회계처리가 가능하다는 것을 스탭

업무에서도 많이 봐왔습니다. 매니저와 디렉터는 말할 것도 없고요. 회계를 공부했다고 해도 경영마인드가 형편없는 사람들이 많습니다. 그것은 회계를 책상에서만 공부했기 때문입니다. 회계는 기업을 회계의 눈으로 보면서 현장에서 하는 것입니다.

왜 부업이 나쁜 이익인가요?

● **독자의 눈** 까르푸는 적자를 보고도 부동산 매각으로 이익을 봤다고 하였고, LG전자는 영업외수익이 나쁜 이익이라고 하셨습니다. 그렇다면 영업외수익은 좋다는 것인가요, 나쁘다는 것인가요?

● **회계사의 눈** 부업소득인 영업외수익 자체가 나쁘다는 것은 아닙니다. LG전자에서 나쁜 이익이라고 한 것은 영업외수익이 대부분 환율변동과 주식평가이익이었는데 이것은 대부분의 직원들과 관련이 없는 이익이라는 것이지요. 즉 자신의 노력과 관련 없는 이익을 자신의 성과인 것처럼 생각하는 것이 나쁜 이익이라는 것입니다. 본업과 연결되어 자신의 노력에 의해 나온 소득인지가 중요합니다.

왜 기업들은 경영을 투명하게 하지 않을까?

● **독자의 눈** 투명경영이 필요하다는 것은 알지만 사업을 하는 사장으로서 회사 정보를 모두 노출시킨다면 직원들이 괜한 오해를 하지 않을까 싶은데요. 가령 회사의 인건비를 공개했을 경우 직원들 간에 불평불만이 있지 않을까요?

● **회계사의 눈** 우리 회사에서는 수입과 지출 내역을 매일 공개하고 있습니다. 어떤 직원은 회계사나 임원이 가져가는 것이 많다고 자기에게도 성과급을 올려달라는 불평을 하기도 했습니다. 그러나 대부분의 직원들

은 민감한 부분을 공개하는 것에 대해 긍정적인 반응을 보였습니다. 오히려 매출을 공개한 것은 미수금관리에 도움이 되었고 업무프로세스 효율성을 높였습니다. 그러나 직원들간 급여 공개는 아직도 꺼리고 있습니다. 그것은 직원들이 서로 급여를 비교하다 위화감이 조성되는 경우가 많았기 때문입니다. 어떤 회계정보는 공개하는 것이 낫고, 어떤 회계정보는 모르는 체하면서 지나가는 것이 나을 수가 있습니다.

 돈 버는 눈을 갖기 위해 꼭 알아야 할 회계 용어

연결재무제표과 개별재무제표

개별재무제표는 개별회사별로 작성한 재무제표이고 연결재무제표는 지배종속관계에 있는 회사들의 재무제표를 합산해 작성한 재무제표를 말한다. 삼성전자의 재무제표는 개별재무제표이고, 삼성전자와 삼성카드, 삼성SDI㈜ 등 지배종속관계에 있는 회사의 재무제표를 합산해 작성한 것이 연결재무제표다.

우리나라 기업회계기준에서는 개별재무제표를 주된 재무제표로 하고, 연결재무제표를 부차적인 재무제표로 규정하고 있지만 국제회계기준에서는 연결재무제표가 주된 재무제표이고, 개별재무제표는 부속명세표 정도로 보고 있다. 우리나라도 국제회계기준에 따라 2011년부터 연결재무제표를 주재무제표로 도입한다.

영업이익과 영업외수익

영업이익은 본업에서 발생한 이익이고 영업외수익은 부업에서 발생한 이익이다. 영업이익은 경영활동인 생산과 판매의 과정에서 발행한 이익으로 매출액에서 매출원가, 판매비와관리비를 차감해 계산한다. 즉 기업의 가장 본질적인 물건을 만들어서 판매하는 과정이 끝난 후 얼마의 이익을 남겼는지를 보여주는 이익이 영업이익이다.

영업외수익은 재테크, 즉 부업에서 발생한 이익이다. 금융상품에서 발생한 이자수입, 주식채권 투자로 발생하는 배당수입이나 주식평가이익, 부동산의 임대수입이나 시가상승으로 인한 처분이익 등이 해당한다.

국제회계기준에서는 영업이익을 별도로 구분할 필요는 없다.

무형자산

무형자산은 형체가 존재하지 않는 자산으로서 특허권, 상표권, 라이센스와 프렌차이즈 저작권, 개발비 등이 있다. 무형자산은 미래에 돈을 벌어다줄 것이 확실한 경우에만 지출한 금액을 자산으로 기록하고 불확실한 경우에는 비용으로 처리한다.

가령 연구개발비를 10억 원 지출한 경우 미래의 수익이 확실한 경우에는 무형자산 10억 원으로 기록하지만, 그렇지 못하다면 비용 10억 원으로 기록한다.

관심이 있으면 돈 버는 감각은 저절로 배운다

비즈니스를 잘한다는 것은 일의 본질에 대해 잘 안다는 것이다. 이것은 많은 경험에서 나온다. 그러나 직접 경험을 쌓으려면 많은 시간이 필요한데 '회계를 알면' 직접 경험하지 않아도 짧은 시간에 많은 것을 알 수 있다. 나는 수많은 회사들의 회계 지표를 보고 생각하면서 그 회사들의 경영에 대해 공부한다. 그러다 보니 짧은 시간에 많은 경험을 할 수 있었다.

회계를 한다는 것은 비즈니스를 아주 빨리 그리고 정확하게 배운다는 의미이기도 하다. 비즈니스맨이 회계를 하는 것은 너무나 당연한 것이다.

독자 여러분들은 이 책을 통해서 부자들이나 기업들이 어떻게 돈을 버는지 그 본질을 이해했을 것이다. 그러나 이해하는 것만으로는 부족하다.

책을 읽는 사람들을 보면 단지 책을 읽는 사람이 있다. 책을 읽는 것조차 하지 않는 사람에 비하면 낫다고 말할 수 있지만, 하수의 책 읽기라 하겠다. 단지 책을 읽는 것보다는 책을 이해하고 저자가 말하려고 하는 메시지를 파악하는 것이 중요하다. 그러나 이것만으로는 부족하다. 책을 읽는 목적은 책 내용을 음미해 마음을 풍성하게 하기 위한 것도 있겠지만, 궁극적으로는 다른 사람의 경험을 듣고 내 삶을 조금이나마 발전시키고 행복하게 만드는 것이다.

즉, 배운 것을 실생활에 어떻게 활용할 수 있는지 고민했으면 하는 것이 내가 하고 싶은 이야기다. 어렵다고 생각할지 모르지만 그렇지 않다. 지금 나에게 닥친 문제, 내가 가장 관심 있는 것을 생각하면서 책 내용과 접목시키려는 노력을 하면 좋은 생각이 자연스레 떠오른다.

취업 준비생이라면 내가 취업하려고 하는 회사에 들어갔다고 가정하고(시간의 융합), 내가 그 회사에서 사장으로 일을 하고 있는 상황을 생각하며(공간의 융합) 이 책에서 배운 지식을 접목시켜 상상해보는 것이다. 가령 대형 유통회사에 들어가고 싶어 하는 학생이라면 수년 후 할인매장에서 일을 한다고 생각하고, 회전율이나 재고자산 개념이 활용되고 있는 현상들을 살펴보는 것이다. 먼저 매장의 레이아웃부터 시작해 엘리베이터 위치

등이 눈에 보일 것이다. 각종 임대 매장들은 왜 임대로 돌리고 있는지 상상을 하게 되고 내가 사장이라면 재고자산 회전율을 높이기 위해 어떤 전략을 쓸 것인지 생각해본다. 이런 생각들이 모이고 습관이 되면 창의력 넘치는 아이디어가 샘솟을 것이다. 자기사업을 하는 사람들도 마찬가지다. 돈을 벌려면 비즈니스의 본질을 잘 이해해야 하고 그것을 이해하려면 회계를 아는 것이 가장 기본이다.

이 책에서 말한 많은 이야기들이 독자 여러분의 비즈니스와 생활에 한 가지 이상의 변화를 가져오길 기대한다.

Money Sense